臨床心理学概論

倉光　修

臨床心理学概論（'20）

©2020　倉光　修

装丁・ブックデザイン：畑中　猛

o-1

まえがき

　臨床心理学とはいかなる学問であり，その実践に携わるセラピストやカウンセラーはどのような人々とどのようにかかわっているのだろうか。本講義はこうしたことについての概説なのであるが，実は上述の疑問に明快に答えることはさほど容易ではない。

　「臨床心理学」は語義的には心理学の一分野であるが，一般（実験）心理学とはやや趣を異にするところがある。日本では学問を大きく理系と文系に分けることがあるが，そうした枠組みに照らすと，一般心理学は前者に属するのに対し，臨床心理学は（少なくともその一部は）後者と重なる部分が大きい。中村雄二郎は，有名な著書『臨床の知とは何か』のなかで，「臨床の知」と「科学の知」を対比させているが，臨床心理学は物質科学で捉えきれない現象に取り組まざるを得ないときがあり，その意味ではサイエンスというより，しばしば，アートやパフォーマンスの色彩が強い。あるいは，あえて科学に含めるならば，「人間科学」「実践科学」などという表現がふさわしいかもしれない。

　「臨床心理学　clinical psychology」の clinic の語源は「病床」のニュアンスを伴っている。そこで，臨床心理学は，心の傷や心の病，心理的苦痛と関連する症状や問題行動の発生過程と克服過程を理論的に探究し，実践においてはそうした心理的問題の克服を援助しようとしていると言ってよいだろう。臨床心理学の実践を担うセラピストやカウンセラーの仕事は医師や教師の仕事と中心点が微妙に異なる。医師は病的部分を除去して患者が元の状態に回復することを目標にすることが多いが，セラピストやカウンセラーはクライエントが苦悩を受け止めてそこから成長することを期待することが多い。医師は自分が傷ついたり病んだり

する必要はないし，患者を客体として捉える傾向が強いが，セラピストやカウンセラーは自分自身が傷ついたり苦しんだりした経験が役立つことが多く，クライエントと共に苦しみ，クライエントと主体間で相互作用する傾向が強いだろう。また，セラピストやカウンセラーは教師とも異なる。教師は一般に正解がわかっていることを一方向的に教えるが，セラピストやカウンセラーは正解がわからない（人生の）問題に共にとり組む。前者は学生に理解させようとし，後者はクライエントを理解しようとする。

　話がやや大きくなってしまったが，ここで本講義の全体的構成について述べておこう。本科目は，公認心理師になるために習得が必要な学部科目の一つであるが，臨床心理士などより特化された資格を得ようとする人も，あるいは，資格取得を目指さないけれども学問的関心があって受講する人々にも役立つように，「臨床心理学」という学問の成り立ちや代表的な理論と実践について概説している。各章のテーマに照らすと，第1章では臨床心理学の定義に触れ，種々の心理アセスメントならびに心理療法・心理カウンセリングの成り立ちについて略述し，以下の章でそれらをより詳しく述べる。すなわち，第2章から第4章では種々の心理アセスメントについて，第5章から第10章では諸派の心理療法・カウンセリングの理論とアプローチについて，第11章から第14章では，さまざまな臨床現場でどのような要請と理論に基づいてどのような実践が展開されているかを述べ，さらに，第15章では，全体を振り返って，この学問の特徴について再度論じる。

　ここで強調しておきたいのだが，セラピストやカウンセラーの中には○○派と呼ばれることを潔しとしない人も少なくない。本教材に名をあげた人の中にもそう感じる人がいる。また心理テストなどもっぱらアセスメントを仕事にしている人でも，一回ごとの出会いが心理療法やカウ

ンセリングの要素をもつと感じることがあるだろう。誤解を恐れずに言えば，多くの心理臨床家はスペクトルの中で個性的に活動しているのである。

　本講義の受講者は必ず放送教材を丁寧に視聴していただきたい。ゲストに実力のある心理臨床家をそろえているということもあるが，映像と音声から得られる情報量は書物をはるかに凌駕する。同様に臨床心理学の講義よりも，実際にクライエントと出会うことから学べることの方がはるかに多いことは間違いない。とくに，臨床心理士や公認心理師など，いわゆる「心の専門家」になることを志す方々は，本講義はその第一歩に過ぎないことを肝に銘じていただきたい。臨床心理学は奥深い学問であり，その理論を実践に活かそうとするときには，あるいは，豊かな実践から新たに自分に合った理論やアプローチを創造していこうとするときには，資格取得後であっても日々の研鑽が不可欠なのである。

　最後に，本科目作成の過程で御世話になった諸先生方，事務職員の方々や放送大学教育振興会の方々，そして，とくに，編集者の上野名保子さんに厚く御礼申し上げたい。

2020年3月

倉光　修

6

日 次

1 | 臨床心理学とは何か

倉光　修

《**目標とポイント**》　本書では，臨床心理学の成り立ちや代表的な理論につい
て解説するが，まず，第1章では，臨床心理学の定義について述べ，代表的
な心理アセスメントや心理療法・心理カウンセリングの理論と実践がこれま
でどのように形作られてきたかについて概観する。
《**キーワード**》　臨床心理学，心理臨床，心理アセスメント，心理療法，心理
カウンセリング

1. 臨床心理学とは何か

　臨床心理学はどのような学問であるかについては，誰もが納得する定
義はいまだに得られていない。また，わが国ではとくにその実践領域で
ある「心理臨床」に主な関心を向ける「心理臨床学」，あるいはその実
践を担う「心理臨床家」という用語も使われている[注1]。そこで，本書
ではまず，「臨床心理学　clinical psychology」の語源をたどることから
始めよう。clinic の語源は「寝台」（病床ないし死の床）を意味するギ
リシャ語 $\kappa \lambda \iota \nu \eta$（Klíne　クリーニー）であったらしい。そのニュ
アンスに照らすと，「臨床」とは「病や傷のため伏せっている人のそば
にいて，その人のケアをすること」という意味で捉えうる。ここで，心
と体を対比させると，臨床医学が主に「体の病や体の傷」について研究
し，実践においては医学的診断（疾患名の特定）や医学的治療（投薬や
手術）を行うのに対して，臨床心理学は主に，心の病の症状や問題行動，

あるいは心の傷や人生の苦悩について研究し，実践においては心理アセスメントや心理療法・心理カウンセリングを行う，と言ってもよいかもしれない（以下，心理療法家をセラピスト，心理相談員をカウンセラーとし，ときには両者を一括してセラピストとする）。

　ただし，心と体の関係は非常に複雑で不明なところが多い。今日では多くの人々が，心理的現象は身体的現象を基盤として生じると信じているが，脳をはじめとする身体における物理的現象が感覚や思考などの心理的現象に常に先行するかどうか（体が心の「原因」と言い切れるかどうか）については議論に決着がついていないと言うべきであろう。むしろ，身体的現象と心理的現象との関係は因果的と言うより「共時的」と言った方が良いかもしれない。実際，心理的異常と身体的異常の関係だけを見ても，脳をはじめとして神経系に異変が生じると心の世界でも何らかの異常が生じることは明らかであるが，一方で，心の傷や心理的ストレスから身体症状や身体病が生じることもあるように思われる。すなわち，両世界にはある程度の対応があることは間違いないが，それは単純な因果関係ではないように思われるのである。

　では，いわゆる「心の病」の症状や問題行動とは具体的にはどのような現象を指すのだろうか。まずは，具体的なイメージを描いてみよう。たいていの読者は，たとえば，以下に述べるような状態や行動を示す人々を周囲に見いだせるだろう。

　……子どもの頃から知的発達が遅れ日常生活に支障が生じている人，落ち着いて席についていられなかったり忘れ物が非常に多かったりする人，記憶力は優れているのに読み書きや計算などがとても苦手な人，特定の感覚が非常に鋭敏でこだわりが強く，幼い頃はいつも物をぐるぐる回したり手をひらひらさせたりしていたという人，登校時や会議の前など特定の場面でだけ腹痛や頭痛が起こる人，食べ過ぎて極端に肥満にな

ったり食べることを拒否して極端に痩せたりする人，アルコールやギャンブルなどに耽溺してしまう人，すこしの汚れや鍵のかけ忘れなどが気になって手洗いや施錠確認に非常に時間がかかる人，高所や閉所が恐くて飛行機やエレベーターに乗ろうとしない人，過呼吸など不安発作があり，その再発を恐れて活動が制限される人，リストカットや抜毛をくり返す人，教室や集会などの場面で言葉を発しなくなる人，災害や犯罪などの被害に遭ったときのシーンが数ヶ月以上たっても頻繁に思い出されて苦しむ人，憂鬱な気分や無力感などに苛まれて，長期間，学校や職場に行けなくなる人，未来に絶望して自殺したいという衝動が頻繁に起こってくる人，不意に現実感や記憶が失われる人，幻聴や被害妄想に苛まれる人，現在いる場所や親しい人の顔や名前がしばしばわからなくなる人，同級生にひどい嫌がらせをしたり，部下に性的関係を強要したりする人，窃盗や暴行などをくり返す人，子どもの世話をしなかったり，「しつけ」と称して子どもにひどい暴力を加えたりする人……。

　このような「症状や問題行動」を含む状態に対して与えられる医学的な診断名や行政上の分類名を記してみると，次のようなものがあげられる。【知的障害，ADHD，学習障害，自閉症スペクトラム障害，神経症性疼痛，摂食障害，依存症，強迫神経症，高所恐怖症，パニック障害，自傷行為，PTSD，うつ状態，不登校・ひきこもり，自殺念慮，統合失調症，認知症，いじめ，セクシュアルハラスメント，非行・犯罪，虐待……】

　ただし，くれぐれも注意してほしいのだが，このような診断名や分類名は，たいてい，一群の症状や問題行動から特定されるのであって，上記の特徴が見出されるならば，ただちにそのような診断・分類名が与えられるわけではない。とくに精神科領域では，医学的診断名に対応する身体的・生理的異常が厳密に見出されていないことがほとんどである

（それが見出されると身体疾患として分類される）。そのため，医師によって，あるいは，時代や文化によって，同じ人に異なる診断名が与えられたり，かなり異なる状態の人に同じ診断名が与えられたりすることがある。このことは，とくに，銘記してほしい。

　すなわち，一般に，「心の病」の症状や問題とされる行動は正常から異常までスペクトルとして広がっており，たいていの「体の病」のように輪郭が明確ではない。ならば，「心の病」とは，感覚・知覚，イメージ・思考，感情・欲求，そして，意志などの心的現象が正常範囲から量的に逸脱した場合や質的に変成した場合を指すとしてもよさそうなものだが，医学（とくに精神医学）のマニュアルにおいては，いくつかの（異常とみなされた）反応や行動がセットとして認められたときに，「心の病　mental illness」ないし「精神障害　mental disorders」と同定されるのが常なのである（ちなみに，アメリカ精神医学会の出版している診断統計マニュアル DSM：Diagnostic and Statistical Manual of Mental Disorders の代表的な訳書では，mental disorder が本文では「精神障害」と訳されているにもかかわらず，表題ではなぜか「精神疾患」と訳されている）。

　ところで，臨床心理学分野のセラピストやカウンセラーは，このような症状や問題行動が見られない「健常者」にお会いすることも多い。たとえば，上記の「症状や問題行動」を呈する人の家族や教師などが，本人とどう接したらよいかを検討するために，臨床心理士や公認心理師など「心の専門家」に相談することがある。あるいは，いわゆる「人生の問題」でセラピストやカウンセラーのところに相談に来る人も少なくない。たとえば，進学や退学，就職や退職，結婚や離婚について悩む人や，いじめやハラスメントの被害にあって苦しむ人，劣等感や孤独感，無力感や抑鬱感，罪悪感や孤独感などに苛まれる人，さらには重篤な身体病

に罹患した人や身体障害を負った人，死の恐怖に直面する人などがカウンセリングを希望することもある。

　実は，いわゆる「心の病」の症状や問題行動の背景には，このような深い「心の傷」や強い欲求不満，あるいは「人生の苦しみ」が推定されることが非常に多い。逆に言うと，このようなストレスや苦悩が契機になってネガティブなイメージ（回想・予想・空想）が潜在的にせよ頻繁に生じ，いわば，そうした心の痛みや苦しみに対する反応として先に述べたような症状や問題行動が発現ないし悪化することが一般的であるようにさえ思われる。ストレスの強さはストレッサーの大きさ，身体的条件（たとえば，発達障害や統合失調症に関連する神経系の脆弱さ），過去において経験した同様の心の傷，さらには悲観的か楽観的かといった性格的素因などによって決定されると考えられる。したがって，一般の人々にとっては弱いストレッサーであっても，過去に同様の心の傷を体験していたり，神経系になんらかの脆弱さがあったり，悲観的になりやすかったりするケースでは，強いストレス反応が生じうるのである。そして，これらの心の傷や心の病を克服する方法のひとつとして，心理療法やカウンセリングがあると言ってよいだろう。

　ちなみに，上述したような症状や問題行動は，それ自体の苦しみを引き起こすと共に，心理的苦痛を一時的に軽減したり，基本的欲求を部分的に満たす機能を持っているように見えることがある。このような場合は，症状や問題行動が持続・再発しやすいだろう。

　たとえば，小学校でひどくいじめられた子どもが，翌日の登校時に強い腹痛を感じたとしよう。母親に腹痛を訴えると，母親は「それなら今日は学校を休みなさい」と言って学校に電話し欠席することを伝える。子どもは少し安堵して，午後には腹痛が治まる。しかし，翌日もまた登校時に腹痛が生じる。母親は何かの病気かもしれないと心配して子ども

を医師のところに連れて行く。しかし，医師は身体的異常をまったく見いだせない。そこで母親は学校で何か嫌なことでもあるのかと疑い，「いじめられたりするの？」と聞く。子どもは事実を告白するとそれが加害者たちに伝わって，「ちくったな」などと言われ，いっそういじめられると思い，「そんなことないよ」と言う。すると，母親は次第に子どもに対して攻撃的になる。いわゆる「ずる休み」だと見なすのである。それから数週間，母親は平日の朝は毎日，強引に子どもを起こして登校させようとする。しかし，子どもは頭からふとんをかぶって起きてこない。そして，午後になってようやく起きてきて，昼食や夕食は家族と別に取り，夜は自室でゲームにふけるようになる。もしも学校を欠席することで昼間はいじめの被害を避けることができ，夜間はゲームの世界で有能感や優越感を感じられるならば，このような生活パターンは維持されやすいだろう。このような日々が続いて，正当な理由が示されない欠席が年間30日を超えると，やがて子どもは「不登校」とカテゴライズされるのである（ただし，最近では，不登校イコール問題行動であるという見方はなされなくなっている）。

　同様の機序で，たとえば，学校で強い劣等感を感じたり，家庭でくつろぎや愛情を十分感じられない子どもたちが集まって，万引きや窃盗を働いたり，暴走や暴行をくり返したり，性的非行や薬物依存にふけったりして，一時的に優越欲求や愛情欲求を満たすといったケースもありうる。

　もちろん，これらの症状や問題行動の背景に常に特定の心の傷や欲求不満が潜在しているわけではない。あるいは，類似の心の傷や欲求不満から全く異なる症状や問題行動が顕現するケースもある。さらに言うと，同じような環境下でも，症状や問題行動を起こさない人々もいる。しかし，いわゆる「普通の」子どもや大人たちも同じようなストレスに耐え

ていると思うのは，おそらく誤りである。むしろ，彼らの心理的苦痛は
それほど深刻でないために症状が出ていないだけであって，ストレスや
苦しみが臨界点を超えると，「普通の」人々にも同様の症状や問題行動
が顕現することが多いと考えた方が実態に即しているように思われる。
また，ほとんどすべての症状は一種の身体的反応として発現するのであ
って，けっして仮病ではない。また，問題行動の多くも意図的コントロ
ールが非常に難しい（たとえば「会社に行かない」というより「行けな
い」と感じられる）。

2.　臨床心理学の歴史

　「臨床心理学　Clinical Psychology」という言葉を初めて用いたのは，
アメリカのウィットマー（Witmer, L.）だと言われている。彼は，1896
年にペンシルバニア大学に心理クリニック（psychological clinic）をつ
くり，同年，アメリカ心理学会（APA）でこの用語を使った（小野，
2014）。その後，「臨床心理学」という概念はアメリカを中心に広がって
いったが，その定義は，アメリカでも歴史的に変遷している。当初は，
臨床心理学を医学における「診断」と「治療」という概念のアナロジー
で捉えようとする動きが強かったようで，たとえば，ルティット
（Loutit, C. M.）によって1936年にアメリカで初めて出版されたとされ
る教科書では，「臨床心理学は，問題を持った個人の問題の診断と治療
のための応用心理学である」とされている（森野，1995）。しかし，1976
年に出版されたコーチン（Korchin, S. J.）の有名な教科書では，「臨床
心理学は臨床的つまり心理的に苦しんでいる個人を理解し援助すること
の関心によって，最もはっきりと定義される」（訳書　p.52　傍点はコー
チンによる）と記されている。ここでは，「診断」ではなく「理解」，「治

療」ではなく「援助」という語が使われている。わが国の臨床心理学の
テキストにおいても同様で，近年では「診断」ではなく「心理アセスメ
ント」（あるいは「心理査定」や「見立て」）という語が用いられ，「治療」
という用語よりも「心理療法」ないし「心理カウンセリング」という語
が用いられることが多くなっている。

　実際，臨床医学における「診断」と臨床心理学における「心理アセス
メント」には，多少異なるニュアンスがある。「診断」という言葉には
（鑑別診断という語が示すように），ひとつの診断名は他の診断名（ある
いは，正常）と質的に異なる状態を示すイメージがある。一方，「心理
アセスメント」においては測定される諸特性（知能や性格，病的傾向な
ど）は量的に捉えられ，各個人はスペクトラム上に位置づけられること
が多い。また，多くの心理テストでは，何らかの特性を調べるのに，い
くつかの下位カテゴリー（尺度）が設定され，そうした諸特性全体がプ
ロフィールとして把握される。たとえば，子どもの知的能力の問題を捉
えるとき，医学的診断においては，その子が「知的障害」の範疇にはい
るかどうかが重要であるが，心理アセスメントではその子の言語理解，
ワーキングメモリ，処理速度などの諸特性が量的に捉えられ，全体とし
てどのようなプロフィールが描かれるかが重要となる。そして，多くの
医師は，そういった心理アセスメントの結果を踏まえて診断名や治療方
針を決定するのである。

　同様に，臨床医学における「治療」と臨床心理学における「心理療法・
心理カウンセリング」の間にもニュアンスの違いがある（心理療法と心
理カウンセリングにも，前者は異常性のある人，後者は正常な範囲内の
人を主な対象としているというニュアンスの差がある）。医学的治療は
通常，医学的診断名ごとに，ある程度，画一化されたマニュアルやアル
ゴリズムが用意され，それに沿って投薬や手術といった身体的アプロー

チがなされる。これに対して，心理療法やカウンセリングにおいては，同じ診断名を与えられたクライエント[注2]に対しても，個々のクライエントの内的・外的状況と，過去から未来につながる状態変化についてのアセスメントや「見立て」が行われ，個々のクライエントの希望やセラピストのオリエンテーションなども考慮して，当面最も適していると思われるアプローチが提案され，クライエント（ないし保護者）が同意すれば心理療法やカウンセリングが開始される。その際，たいていのアプローチにおいては，誰にも適用される画一的で厳密なマニュアルはない。心理療法や心理カウンセリングは，クライエントとセラピストが織りなす個性的で一回きりの創造過程であると言ってもよいくらいである。

　ちなみに，ルティットの定義に記されている「臨床心理学は応用心理学である」という認識においても異論が提起されてきた。この点について，コーチン（1976）は次のように明言している。

　　「我々の分野の大きな神話の一つに，心理学には，純粋心理学と応用心理学があり，臨床心理学は一般心理学から得た知識を応用する分野だとする考え方がある。これは全く事実と相反している」（訳書　p.780）

　多くの学問において理論と実践の関係は螺旋的関係にあるが，臨床心理学においては，まず理論が形成されてそれが実践に応用されるというよりも，個々の実践のなかから多様な理論が生み出され，それぞれが独自の過程で発展してきたといった方が現実に即しているように思われる。

　では，以下に，臨床心理学の実践領域の中心になる心理アセスメントと心理療法の歴史を簡単に述べておこう。

3. 心理アセスメントの歴史

　臨床心理学分野のアセスメントはいわゆる「知能検査（知能テスト）」から始まった。1883年に優生学という領域を確立したイギリスのゴールトン（Galton, F.）は知能と関連づけて感覚知覚能力を測定した。彼の教えを受けたアメリカのキャッテル（Cattel, J. M.）は，1890年に反応時間の個人差を調べる「メンタル・テスト」を開発した。一方，フランスではビネ（Binet, A.）が1895年に「個人心理学」を出版し，感覚知覚能力より高次の知的能力が測定されるべきであると主張した。彼はフランス政府から知的障害児を識別する方法を開発するよう求められ，1905年にシモン（Simon, T.）とともに，後に，「ビネ・シモン知能検査」と称せられるようになった尺度を開発した。この検査は，ある年齢の子どもの 2／3 が解ける問題を年齢ごとに配列し，ある子どもがどの年齢の問題が解けるかによって，その子の「精神年齢」が算出できるように改訂されていった。1916年には，ターマン（Terman, L. M.）によって「スタンフォード・ビネー検査」が開発されたが，この検査では「知能指数：IQ」という概念（精神年齢÷生活年齢×100）が導入された。ビネの知能検査は日本にも導入され，鈴木ビネー知能検査（1930）や田中ビネー知能検査（1947）が開発され，今日まで改訂が続けられている。

　知的能力にはいくつかの因子が想定される。キャッテル（Cattel, R.）は新しいことを学習する「流動性知能」と，学習した知識を蓄積する「結晶性知能」の 2 因子を考え，ウェクスラー（Wechsler, D.）は言語性知能と動作性知能を識別しようとした。ウェクスラーたちは知能を同一集団内の偏差値で捉え，また，発達段階に応じて，児童用（WISC），成人用（WAIS），幼児用（WPPSI）の知能検査を開発した[注3]。これらは，今日まで改訂が重ねられており，本書第3章で詳述される。

　ところで，知能検査では一般に言語を用いて課題が指示されるが，言語使用には文化差があるし，もっといえば，カラスやチンパンジーなど言語を使わなくてもすぐれた知能を示す動物がいることも視野に入れると，知的能力はそう簡単に数値化して測定できないことがわかる。

　また，知能検査や発達検査と共に，性格や人格特性，あるいは精神病理的傾向などを調べるパーソナリティテストも数多く開発されてきた。わが国でよく知られているパーソナリティテストとしては，ミネソタ州立大学で開発された「MMPI」，東京大学で開発された「エゴグラム」，インクのしみがどう見えるかを問う「ロールシャッハテスト」，絵を見て物語を作る「TAT」，実のなる木を描くように求める「バウムテスト」，いくつかのアイテムを順に描いて風景にする「風景構成法」，クライエントとセラピストが互いになぐり描きをして，そこに何かのイメージを見出（投影）し，それらをつなぎ合わせて物語を作る「MSSM法」などがある。

　また，不安特性や自閉症傾向，脳の器質的・機能的障害や認知症の程度などを推定するテストなども開発されている。ちなみに，風景構成法やMSSM法などは，多様な自己表現を可能にするという点で，箱庭療法や絵画療法のように心理療法のなかでひとつの技法として用いることもできる。

　このような心理テストでは同じ得点から常に同じ所見が導かれるわけではない。たとえば知能検査や発達検査の得点は子どもが非常に緊張していたり，疲れていたりすると，そうでない時より低くなるかもしれない。また，バウムテストで幹の下部に洞があっても幼少期のトラウマが推測される場合もあれば，そこからリスが顔を出していれば安全な基地を希求する気持が推定される場合もあるだろう。こうした「読み」の柔軟性にこそ，心理臨床家の専門性が問われると言えよう。

4. 心理療法，心理カウンセリングの歴史

　では，次に代表的な心理療法の歴史を略述しよう。

　心理療法と心理カウンセリング（以下，カウンセリングと略）は起源が
やや異なっている。心理療法の定義を最も広くとって「人間の苦悩を癒
す試み」とするならば，その起源はシャーマンなどの営為に求めること
もできる。実際，心が傷つき人生の苦しみに苛まれた人が，宗教的な活
動を通して，大いなる存在に生かされているとか，周囲の人々から愛さ
れていると感じて，心の傷や心の病から回復することもあったに違いな
い。しかし，宗教団体の活動においては，明らかに現実と矛盾する教義
や因果関係を信じることを強制したり，「魔女狩り」などと称して精神
障害者を迫害したり，戦争における残虐な行為を正当化したりといった
陰惨な歴史があったことも否めない。

　精神障害者，とりわけ統合失調症者は，近年まできわめて非衛生的な
施設や狭い部屋に閉じ込められ，拷問のような扱いを受けることが少な
くなかった。このような状況を改善した人としては，1873年にパリの精
神病院で患者を鎖から解放したピネル（Pinel, P.）や，1908年に『わが
魂にあふまで』を出版し，後に全国精神衛生協議会の設立に関わったビ
アーズ（Beers, C. W.）などがよく知られている。

　しかし，いわゆる「心理療法」の創始者としては，ジークムント・フ
ロイト（Freud, S.）が最も有名であろう。彼は，19世紀末から20世紀
初頭にかけて，当時「ヒステリー」と診断された神経症[注4]の患者に数
多く接し，彼らが幼い頃に体験した性的なトラウマ（心の傷）や性的願
望が苦痛を伴って想起されたとき，疼痛やマヒなどの症状が消失するこ
とを踏まえて，そうしたトラウマや願望を探究し意識化を促す作業を
「精神分析」と呼び，その理論を構築していった。

　また，一時期フロイトの後継者と目されたユング（Jung, C. G.）は，神経症の原因は性的トラウマに限らないと主張してフロイトと訣別し，その後，自らの体験や精神病者との関わりをふまえて個人的無意識よりも深い普遍的（集合的）無意識の層に人類共通のイメージの源「元型」が存在すると仮定し，そこからもたらされるイメージやメッセージを重視する心理療法を創造していった。

　一方，心理学的な「カウンセリング」の起源は，20世紀初頭にアメリカで広まった職業指導運動であると言われている。この運動を進めた一人であるパーソンズ（Parsons, F.）は，1909年に『職業の選択』という書物を書き，そのなかで「カウンセリング」という言葉を用いている。森野（1995）によると，こうしたカウンセリングは「中学・高校などの学校，大学，矯正施設，産業など多様な場所」に広がっていったが，その活動を担う「カウンセリング・サイコロジスト」は，次第に心の病の症状や問題行動を示すクライエントにも会うようになり，心理療法のセラピストとの境界線は不明確になっていった。

　とくに，ロジャーズ（Rogers, C.）は，1942年に『カウンセリングと心理療法』と題する書を著し，両者を統合する視座を提示したことでよく知られている。彼は，クライエントに対して直接的な指示を与えず（non-directive），自らのジェニュインネス（率直さ・純粋さ・自己一致）を保ちながら，ひたすらクライエントに無条件の肯定的関心を向け，その苦しみを共感的に理解しようとするアプローチを唱道し，それを「クライエント中心療法」と呼んだ。このアプローチは，後にPCA（Person Centered Approach）として一般化され，エンカウンターグループなどの開催などを含めて世界的に広まっていった。

　ロジャーズに先駆けて，心理療法の世界に大きなインパクトを与えたのは，学習理論に基づくアプローチを展開した行動療法である。行動療

法の起源は教育や動物訓練に見出すこともできる。1920年，ワトソン（Watson, J. B.）は赤ん坊が白ネズミを触ろうとする瞬間に大きな音をたてて驚かし，その子を白い毛皮をもつ動物に対する恐怖症にした。一方，ジョーンズ（Jones, M. C.）は，1924年，ウサギを怖がる子どもにウサギを見せながらお菓子を与えて恐怖症を緩和し，ウォルピ（Wolpe, J.）は1958年，恐怖対象に徐々に慣れていく系統的脱感作法（systemic desensitization）を開発して成果を上げた。このような種々のアプローチによって，行動療法は次第に人々に知られるようになった。行動療法はその後，エリス（Ellis, A）の論理療法やベック（Beck, A. T.）の認知療法と統合され，今日，認知行動療法として広く流布している。

　心理療法やカウンセリングのアプローチは上記以外にも多数開発されてきた。家族療法，遊戯療法，箱庭療法，催眠療法，臨床動作法，森田療法などといった用語を聞いたことがあるという方も多いだろう。21世紀初頭には，少なくとも400以上のアプローチが実施されていたという。セラピストやカウンセラーのなかには，もっぱら一つのアプローチだけを実践している人もいるが，現場の状況やクライエントの状態に即して，いくつもの心理療法を折衷したり統合したりしている人も多い。

　わが国では，フロイトやユングの考えは早くから紹介されていたが，ロジャーズも含めて種々のアプローチが積極的に導入されるようになったのは第2次大戦後である。1960年代にはロジャーズ派のカウンセリングが教育界などで知られるようになり，その後，河合隼雄によって箱庭療法などユング派のアプローチが広まった。さらに，最近では，家族療法や認知行動療法が多くの実践現場で取り入れられている。

　心理療法やカウンセリングのアプローチは非常に多様であるが，もっぱら症状や問題行動の発生や変容にのみ関心を向けるものと，症状や問題行動の背後に潜在する「心の傷」や「人生の苦しみ」にも光を当てよ

うとするものに分けられるかもしれない。しかし，いずれにせよ，クライエントの苦しみを（価値判断をせずに）できるだけ共感的に理解しようとする姿勢を保つことは共通しているように思われる。自分の苦しみがセラピストに分かってもらえていると感じると，しばしば，クライエントの心の重荷が軽減し，やや不思議なことであるが，その後，社会的な行動に対する動機づけが高くなって，問題行動が克服されていくことも多い。

　また，セラピストやカウンセラーがクライエントの保護者や教員などの相談に応じることによって環境が変化し，クライエントの心理状態や行動の変容がパラレルに生じることもある。

　ただし，心理療法の世界では，あるケースで成功したアプローチが別のケースで常に有益だとは言えない。むしろ，個々のクライエントの内的・外的状況に合わせて常に新たなアプローチを工夫していくときにこそ，意義深い展開が生じやすいようにも思われる。

　本章を終えるに当たって，専門的訓練を受けずに，クライエントの症状や問題行動を強引に消失させようとすると，クライエントはさらなる苦痛を体験して，症状が悪化したり危機的な状態に陥ったりすることを指摘しておきたい。clinic の語源が「死の床」であること，あるいは，psychology の psyche が「魂」を意味することに鑑みると，症状や問題行動の背景にまさに「生きるか死ぬか」の葛藤が潜在していることもまれではない。深刻なケースでは「死と再生」ないし「二度生まれ」の体験を経なければ，問題が克服されないこともある。このような機序を考慮すると，セラピストやカウンセラーを志す人は，基礎的な知識や技能を習得するだけでなく，キャリア全体を通じて研鑽を積むことが非常に重要になる。公認心理師や臨床心理士といった資格は，セラピストやカウンセラーになるための第一歩に過ぎない。この点については，第15章

で再度触れよう。

》注

注1）わが国では，1964年に「日本臨床心理学会」が設立されたが，1982年に「心理臨床の業務にたずさわるもの」の連携・協力を重視する「日本心理臨床学会」が設立され，2019年現在までこの分野での最大の学会になっている。

注2）医学的治療においては対象者を一般に「患者　patient」と呼ぶが，心理療法やカウンセリングでは「クライエント　client」と呼ぶことが多い。

注3）WISC は Wechsler Intelligence Scale for Children，WAIS は Wechsler Adult Intelligence Scale，WPPSI は Wechsler Preschool and Primary Scale of Intelligence の略である。

注4）神経症（neurosis）とは，心理的な原因によって，あたかも神経に障害が生じているかのような症状が起こるものを指す。特定の場面で，疼痛やマヒ，意識障害などが起こるヒステリー，特定の場所や動物などに強い恐怖を抱く恐怖症，わずかな汚れを極端に嫌悪したり，鍵やガス栓の閉め忘れなどを恐れて何度も確認したりする強迫神経症などが含まれる。統合失調症など脳の生理的異常が推定される精神病（psychosis）と対比される概念である。近年，この診断名はあまり用いられなくなっている。ちなみに神経症と精神病の中間に「境界例　borderline case」ないし，「境界性人格障害　borderline personality disorder」という概念が用いられることもある。

文献

American Psychiatric Association（2013）. *Diagnostic and Statistical Manual of Mental Disorders, Fifth Edition, DSM-5*. 日本精神神経学会（監修），高橋三郎ほか（訳）（2014）. DSM-5　精神疾患の診断統計マニュアル. 医学書院.

Korchin, S. J.（1976）. *Modern Clinical Psychology*. 村瀬孝雄（監訳）（1980）. 現代臨床心理学. 弘文堂.

倉光修（1995）. 臨床心理学. 岩波書店.

Louttit, C. M.（1939）. Clinical psychology. In Guilford, J. P.（Ed.）；*Fields of psychology. Textbooks on psychology.* Princeton.

森野礼一（1995）．臨床心理学の歴史．河合隼雄（監）山中康裕・森野礼一・村山
　正治（編）．臨床心理学 1　原理・原論．創元社．

小川俊樹・倉光修（編）（2017）．臨床心理学特論．放送大学教育振興会．

小野けい子（2014）．心理臨床の基礎．放送大学教育振興会．

2 | 心理アセスメント1 ―目的と方法―

石橋正浩

《**目標とポイント**》 心理学的支援において，問題の性質を理解し適切な支援を計画・実施するためには，必要な情報を収集・整理し，適切に分析することが必要である。この営みを心理アセスメントと呼ぶ。本章では心理アセスメントについて，その目的，方法，倫理について理解する。
《**キーワード**》 心理アセスメント，生物―心理―社会モデル，生態学的モデル，倫理的配慮

1. 心理アセスメントとは

心理アセスメント（psychological assessment）とは，臨床心理学における心理支援の一環をなすものであり，「査定」などの訳語があてられることもあるが，「アセスメント」とカタカナで表記されることも多い。

オンライン版 Merriam-Webster's Dictionary（https://www.merriam-webster.com）によると，英語の "assess" はラテン語の方向を示す接頭辞である *ad-* と，「座る」という意味の *sedēre* からなる *assidēre* に起源があり，「（税や罰金などの）割合や総額を判断する」という意味での用例がすでに15世紀に見られると説明されている。現在では，ある開発事業が環境に与える影響を調査・分析するプロセスを「環境アセスメント」と呼び，自動車などの所有物を売りに出す際に買い手が使用状況に応じて買取額を算出するプロセスを「査定」というなど，

さまざまなところで耳にすることばになっている。

　心理学においては，第 2 次世界大戦中にアメリカ連邦政府の戦略諜報局が多数の心理学者の協力のもと，各種の特殊任務にあたる諜報員を効果的に選抜するためのプログラムを開発し，これを "assessment program" と称した（Banks, 1995）。これが，心理学において初めて assessment という用語が使用されたケースであるという（渡部，1993）。

　アメリカ心理学会（American Psychological Association；APA）による『APA 心理学大辞典』（VandenBos, 2007　訳書）では，心理アセスメントを以下のように説明している。

　　　心理学的な評価や判定，提案を行うために，データを集め，統合すること。心理士は様々な精神医学的問題（たとえば不安，物質乱用など）や，非精神医学的問題（たとえば知能や職業的関心など）といった様々な事柄を査定する。査定は個人的に行うこともできるし，1 対 1 でも，家族全体に対しても，集団に対しても，組織全体に対しても行うことができる。査定のデータは，臨床面接や，行動観察，心理検査，生理学的あるいは心理生理的測定，さらにはその他の特別な検査道具など，多様な方法で収集される。（p. 460）

　日本臨床心理士資格認定協会（2015）によれば，臨床心理士の専門業務として，（ 1 ）臨床心理査定，（ 2 ）臨床心理面接，（ 3 ）臨床心理的地域援助，（ 4 ）上記（ 1 ）〜（ 3 ）に関する調査・研究・発表，の四つが挙げられている。

　また公認心理師法（平成27年法律第68号）には，公認心理師が心理学に関する専門的知識及び技術をもっておこなう行為を以下のように定めている（第 2 条）。

（1）心理に関する支援を要する者の心理状態の観察，その結果の分析

（2）心理に関する支援を要する者に対する，その心理に関する相談及び助言，指導その他の援助

（3）心理に関する支援を要する者の関係者に対する相談及び助言，指導その他の援助

（4）心の健康に関する知識の普及を図るための教育及び情報の提供

　臨床心理士における「臨床心理査定」，および公認心理師における「心理に関する支援を要する者の心理状態の観察，その結果の分析」が，本章で述べる心理アセスメントに相当するものである。

2．心理アセスメントの目的

　先に述べたように，心理アセスメントは「心理学的な評価や判定，提案」，あるいは「心理に関する支援を要する者の心理状態の観察，その結果の分析」を目的としている。では具体的にどのような場面で心理アセスメントが必要となるのだろうか。

　Weiner and Greene（2017）は，心理士の活動分野ごとに主要な目的を整理している。伝統的なアセスメントは，精神科医療機関や心理クリニックにおけるクライエントの問題の診断や鑑別，および治療計画の策定を目的としておこなわれることが主であった。いわばクライエントの問題が何であるかを心理学的に説明することに重点が置かれてきたが，クライエントの悪い面やできていない面ばかりに焦点をあてるのではなく，クライエントのもつ健康的・適応的な側面（ストレングス）も同時に理解していこうとする考えが現在では主流になっている。具体的には，パーソナリティの強いところと弱いところ，適応能力とその限界，よく

用いる対処スタイル，根底にあるニーズや関心，自己と他者に対する態度などに関する情報を収集しようとする。

　保健医療分野においては，上に述べた伝統的な心理アセスメントに加え，「チーム医療」の一員として，身体疾患に心理的要因が影響していると考えられる場合に，心理アセスメントを求められる機会がある。慢性疾患や障害への適応状況，手術などの医学的処置に対する耐久力，不健康なライフスタイルやアドヒアランス（患者が積極的に治療方針の決定に参加し，その決定に従って治療を受けること）の低滞をもたらしている要因などの評価などがその例として挙げられている。

　司法矯正分野においては，アメリカと日本との司法制度の違いはあるが，刑事訴訟においては加害者の精神疾患の有無が問題となるケースにおけるアセスメントがある。日本では精神鑑定に相当するが，鑑定を担当する医師に協力して心理アセスメントを担当することもある。またアメリカでは人身事故や保険請求の審判などの民事訴訟において，当事者あるいは関係者の心理的な機能不全の有無のアセスメントが求められることがある。同様にアメリカの家庭裁判所においては，たとえば養育権や面会権の調停において子どもや親の心理的な特徴や心理的な適応状況に関する情報が参照される。日本では，家庭裁判所における審判の判断材料となる情報を収集するために関係者を調査する役割は家庭裁判所調査官が担っている。また刑務所や少年鑑別所では法務技官（心理）が入所者の非行や犯罪の原因を分析し，立ち直りに向けた処遇指針の提示や，再犯防止を目的とした改善指導プログラムの実施に携わっている（法務省，n.d.）。

　教育分野においては，行動面の問題をもつ子どもに対するカウンセリングの必要性や，学習面に困難をもつ子どもに対する特別支援教育サービスの必要性について，心理アセスメントが求められる。アメリカでは

特別支援教育が必要な子どもに対して個別教育プログラム（individual educational program：IEP）を作成し実行することが法律で定められているが，IEP の作成や見直しにあたって子どもの状況をアセスメントし，必要な教育プログラムを検討する役割を学校心理士（school psychologist）が担っている。

　産業・組織分野においては，アメリカでは採用人事などの参考資料として適性検査などの心理学的ツールが用いられる場合や，障がいや疾患に起因する業務や任務への適格性を評価する場合などがあげられている。近年では職場のメンタルヘルスの向上を目的とした従業員支援プログラム（Employee Assistance Program：EAP）が日本でも広まってきており，保健医療分野におけるチーム医療と同様に，多職種からなるEAP チームの一員として心理士が携わっている。

　Weiner ら（2017）は触れていないが，福祉分野においては，たとえば児童相談所においては知的障がいをもつ人が各種の支援やサービスを受けるための手続きを簡便化する目的で発行される「療育手帳」の等級判定や，不登校や非行など行動・情緒面に問題をもつ子どもの相談ケースなど，さまざまな相談ケースにおいて心理アセスメントが求められる。

　このようにさまざまな領域で心理アセスメントがおこなわれるが，その経路も多様である。カウンセリングや心理療法を担当する心理士自身が支援の方針を検討するために自ら心理アセスメントを実施する場合もあれば，チーム医療においては主として医師からの依頼に応じて実施する場合もある。あるいは詳細な心理アセスメントを求めて発達障がいの心理アセスメントを専門にする心理士や支援機関が紹介される場合もある。クライエントが自分から心理検査の実施を希望する場合もあれば，家族の誰かが心理的に問題をもっているのではないかと別の家族が心理

検査を求めてくる場合もある。いずれの場合においても，誰が，誰に対して，何のために，どのような専門的情報を求めているのかを明らかにしておくことが心理アセスメントの実施に際しては重要である。

3. 心理アセスメントの方法

　心理アセスメントに必要な情報を得る方法としては，大きく以下の四つが挙げられる。

（1）面接

　面接の技法は大きく構造化面接，半構造化面接，非構造化面接に分けられる。構造化面接は，質問の内容や順番といった面接の手順をあらかじめ定めておき，手順どおりに実施する方法である。たとえば精神科医療で使用されている SCID（Structured Clinical Interview for DSM）は，DSM にもとづいた精神疾患の診断に利用される構造化面接のマニュアルである。

　半構造化面接は，定められた手順にしたがって質問をおこなっていくが，回答によって適宜質問を追加したり質問の順番を入れ替えたりするなど，構造化面接にくらべると柔軟性のある技法である。

　非構造化面接は，面接の中で何を取り扱うか事前に決めることをせず，対話の中でそのときに取り扱いたい内容を取り扱っていく面接である。

　援助においてクライエントと援助者が最初に会う面接を特に受理面接（インテーク面接）ということがある。この受理面接において，問題の理解と支援の方法を判断するために，面接の中で生活史をはじめ各種の情報を得ようとする。クライエント本人に加えて家族から情報を得る場合や，本人の了承（本人が未成年者の場合は保護者の了承）を得て，た

とえば学校の関係者などから情報を得ようとする場合もある。

（2）行動観察

　行動観察は大きく構造的観察法と自然観察法に分けられる。構造的観察法は，たとえば特定の行動が生起しやすい状況を人為的に設定し，その状況の中で特定の行動が生起する様子や頻度を観察する手法である。いっぽう自然的観察法は普段のありのままの状況を観察し，情報を収集する方法である。また，対象者の生活場面や活動場面に入りこみ生活や活動をともにしながら観察をおこなう参与観察法もある。

　心理アセスメントにおいては，面接状況でのクライエントの外観（容姿，服装など）や行動，非言語的メッセージなども問題を理解する上で貴重な情報となることが多い。同様に，同伴者がいれば同伴者の行動も観察の対象となる。また，スクールカウンセラーが学校での子どもの様子を観察する場合や，医療機関でデイケアなどのプログラムに参加しているクライエントを観察する場合などもある。

（3）心理検査

　心理検査はさまざまな心理的特性を測定・評価するために科学的手続きを経て作成された測定用具である。知的能力やパーソナリティなどを全般的，総合的に評価しようとするものから，ある特定の測定概念に焦点をしぼったものまで，さまざまな心理検査が存在している。心理士の専門的技能として，各種の心理検査に習熟しておくことが求められる。主要な心理検査については第3章と第4章で説明する。

（4）その他

　心理アセスメントにおいて利用されるその他の手法として，生理学的

検査がある。これは各種の生理的指標を利用してクライエントの状況を理解しようとするものである。脳波，心電図，筋電図，皮膚電気活動などの生体反応が指標として用いられる。なお犯罪捜査などで用いられるポリグラフは，こうした複数の生体反応を同時に測定する装置の総称である（廣田，2005）。また最近ではストレスの評価の指標として唾液中コルチゾール量を用いる場合もある（井澤，2016）。

4．心理アセスメントの視点

（1）生物―心理―社会モデル

　生物―心理―社会モデル（biopsychosocial model）は，精神科医のエンゲル（Engel, 1977, 1980）が当時の生物医学的モデルの限界を訴えるべく提唱した医学観である。健康あるいは疾患は生体を構成する最小単位である分子のレベルから，われわれが存在している環境としての生物圏（生物が存在する領域）のレベルまで，さまざまなレベルの要因が相互に影響しあいながら構成されているというモデルである（図 2 - 1）。

　このモデルは，ヒトとしての生物的要素，個人としての心理的要素，人間としての社会（環境）的要素は相互に影響しあっていることを説明している。たとえば，心身症と呼ばれる状態は環境からもたらされるストレスが身体に影響を及ぼすことで生じる疾患であり，そこにはストレスの認知や対処行動の選択・評価などの心理的プロセスが関与している。心理士だからといって心理的側面ばかりに目を向けるのではなく，問題に関与している生物学的要因や社会（環境）的要因はないかという視点をもって問題を理解していく姿勢が重要である。

生物圏
↕
社会-国家
↕
文化-下位文化
↕
コミュニティ
↕
家族
↕
2人の個人
↕
個人（経験と行動）
↕
神経系
↕
器官/器官系
↕
組織
↕
細胞
↕
細胞小器官
↕
分子

（Engel, 1980をもとに作成）

図2-1　生物―心理―社会モデルにおける階層

（2）生態学的モデル

発達心理学者のブロンフェンブレナー（Bronfenbrenner, 1979 訳書）は，子どもの発達を理解する新たなモデルとして，生態学的モデルを提唱した。彼は個人の発達に影響を与える要因をシステムとしてとらえ，個人を中心とした4つの同心円状のシステムを想定した（図2-2）。

① マイクロシステム

マイクロシステムは，具体的な行動場面において個人が経験する活動，役割，対人関係のパターンを指しており，家庭，学校，近所の遊び場などの場所（行動場面）における相互作用から構成される。

② メゾシステム

メゾシステムは，個人が積極的に参加している二つ以上の行動場面間の相互関係からなるシステムである。たとえば家庭と学校の間の関係であったり，学校と近所の遊び場の間の関係であったりする。

③　エクソシステム

　エクソシステムは，個人は直接的に参加していないが，その個人を含む行動場面で起こる出来事に影響を与えたり，影響されたりする行動場面を指す。例として，子どもにとって教育委員会は日常的には接する機会のない行動場面であるが，教育委員会の方針が子どもの学校生活に影響を与えることがある。また親の勤務先やきょうだいの友人関係なども本人は直接関与しないが，相互に影響を与えうる関係にある。こうした領域をエクソシステムと呼んでいる。

④　マクロシステム

　マクロシステムは，上記の三つの下位システムに一貫性をもたらすような信念体系やイデオロギーに対応するものである。たとえば，学校の

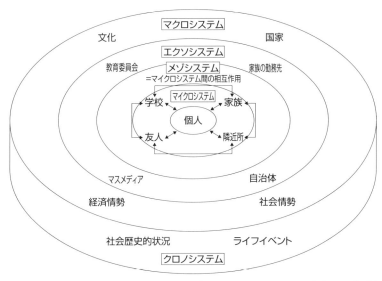

（Bronfenbrenner, 1979をもとに作成）

図 2-2　ブロンフェンブレナーの生態学的システム

さまざまな活動の根拠として学習指導要領があり，さらには学校基本法や教育基本法がある。こうした法制度は一定の価値観に基づいて制定されている。

　なお，のちに彼は第5のシステムとしてライフイベントや文化の変化といった時間的影響を考慮した「クロノシステム」を加えた。

　このモデルを考慮することにより，たとえば不登校の問題は不登校の状態に陥っている子どもの問題だけをとりあげるのではなく，子どもと家族，学校，友人などとの相互作用としてのマイクロシステム，それらのマイクロシステムが相互作用するメゾシステム，さらにはその問題をとりまくエクソシステムやマクロシステムのそれぞれの水準での検討が可能となる。より広い視野をもってクライエントの問題をアセスメントすることが，有効な支援の提供につながる。

（3）　行動論的モデル

　行動療法や認知行動療法に代表される行動論的モデルにはさまざまな理論や技法があるが，ここではブルックとボンド（Bruck & Bond, 1998訳書）が紹介するケースフォーミュレーションの考え方をもとに話を進める。

　行動論的モデルにおいては，問題を行動として捉え，刺激―反応―結果の組み合わせ（随伴性）として捉えようとする。そして，問題となっている行動が何をきっかけに生じており，何により維持されているかについての仮説を検討する。その仮説をもとに介入の計画をたて，実行し，介入の効果を評価するという一連のプロセスからなる。このプロセスをケースフォーミュレーションと言い，五つの段階からなる。

　第1段階は「問題の明確化」であり，情報を収集し問題や目標を明確にすることを通して，介入に関しての合意を得られるように意識を高め

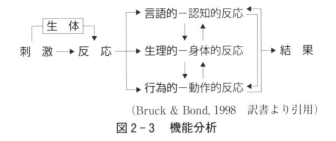

（Bruck & Bond, 1998　訳書より引用）

図 2 - 3　機能分析

るプロセスである。第 2 段階は「仮説探索」であり，さらに詳細な観察をする段階である。この段階で仮説の生成と検証を目的とした機能分析がおこなわれる。機能分析は問題となる個人の反応を「行為的―動作的反応」「言語的―認知的反応」「生理的―身体的反応」の三つのモードから捉えようとするところに特徴がある（図 2 - 3）。第 3 段階はフォーミュレーションの段階で，生成された仮説の検証を通して問題となっている事態を適切に説明できるように仮説を洗練させる段階である。第 4 段階は介入の段階で，フォーミュレーションに基づいて構造的な介入を実行する段階である。第 5 段階は評価の段階で，変化の過程をモニターしながら変化を促進させ，フォーミュレーションを継続的に更新する段階である。

5. 心理アセスメントの倫理

　心理支援をおこなう専門家には専門家としての高度な職業倫理が求められることはいうまでもない。心理支援の一環である心理アセスメントにおいても，守るべき倫理的原則とすべき行為・すべきでない行為があるという考えが共有されており，明文化されている。

（1）日本臨床心理士資格認定協会による倫理規定

　日本臨床心理士資格認定協会が1996年に制定した「臨床心理士倫理綱領」においては，心理アセスメントに直接かかわる条項として以下のものがある。

　　第4条

　　　臨床心理士は来談者の人権に留意し，査定を強制してはならない。また，その技法をみだりに使用してはならない。査定結果が誤用・悪用されないように配慮を怠ってはならない。

　　　臨床心理士は査定技法の開発，出版，利用の際，その用具や説明書等をみだりに頒布することを慎まなければならない。

　たとえばインターネットの普及にともない，心理アセスメントに用いられる専門的な心理検査に関する情報も多数閲覧することができる状況にあるが，なかには明らかに誤った情報を公開しているウェブサイトもあるため，安易に転用しないことが大事である。さらには，検査を構成している図版の画像がそのまま掲載されているような場合もある。多くの場合，こうしたアップロードは著作権や商標権などを侵害する行為である。専門家はもちろん，たとえ専門家にはならない人であっても，心理学を学んだ者である以上はこうした行為は慎むべきである。

（2）APA による倫理規定

　APA による「サイコロジストのための倫理綱領および行動規範」では，一章（section 9）を割いて心理アセスメントにかかわる倫理的原則と行動の基準が詳細に述べられている。その概要を表2-1に示す。

　またアメリカでは APA，アメリカ教育学会（AERA），アメリカ教育

表2-1　アメリカ心理学会（APA）による，心理アセスメントに関する倫理の概要

（Nagy, 2005　訳書をもとに作成）

9.01　アセスメントの根拠
　a．サイコロジストが報告や勧告をおこなう場合や，法廷での証言を含む診断的・評価的陳述をおこなう場合は，自分の所見を立証できるだけの情報および技法を根拠に据えること。
　b．ある人の心理特性について意見を述べるときには，自分の陳述・結論，勧告などを十分に裏づけるだけの正式な査定を実施してからにすること。
　c．本人からアセスメントをする必要がない場合には，そのことを十分に説明すること。その場合は情報の入手先を明らかにすること。
9.02　アセスメントの使用
　a．エビデンスと照らし合わせて適切かつ正統な方法でアセスメントをおこなうこと。
　b．アセスメントツールは，標準化の際に母集団となった人々に対して使用すること。そうでない場合は，結果と解釈に対する長所と限界について述べること。
　c．アセスメントは必要に応じて，クライエントの母語や言語スキルのレベルに合わせておこなうこと。
9.03　アセスメントにおけるインフォームド・コンセント
　a．例外を除き，アセスメントの意義や目的，費用，第三者の介入，守秘義務の限界を説明し，クライエントにじゅうぶんな質問の機会を与えた上で同意を得ること。
　b．同意を表すことができない人や，法律によりアセスメントを強制されている人に対しても，可能な説明をおこなうこと。
　c．通訳を用いる場合にも，守秘義務などの説明を十分におこなうこと。
9.04　テストデータの開示
　a．テストデータ（アセスメント時の記録を含む）は，クライエントの同意があれば本人または本人が文書で指定した人に対して開示できる。ただしクライエントや関係者に実質的な害が及ぶと判断される場合は開示を拒否できる。テストやデータが乱用されたり不当な扱いをされたりする可能性がある場合も拒否できる。
　b．データを開示できるのは，クライエント本人または正式な代理人の申し出，あるいは法令上の命令による場合のみである。
9.05　テストの作成
　　アセスメントツールを開発する際に，最新の適切な専門的知識を用いること。
9.06　アセスメント結果の解釈
　　解釈（コンピュータによる自動診断を含む）は，アセスメントの目的，テストがもつ要因，結果の正確性を損ないうる要因（状況的，個人的，言語的，文化的要因など）を明示すること。テスト因子，個人の特徴，アセスメントの正確さに影響する因子，アセスメントの限界という文脈で提供すること。
9.07　無資格者によるアセスメント
　　スーパーバイザーのもとでの訓練中である場合を除き，無資格者による心理アセスメント技術の使用を認めないこと。
9.08　旧版のテストや古いテスト結果
　　アセスメント，解釈，勧告は，旧式のデータやテストを根拠としておこなわないこと。
9.09　テストの採点や解釈サービス
　a．アセスメントや解釈のサービスを他の専門家に提供する場合は，サービスの目的，基準，信頼性と妥当性，用途，使用に際しての制限について，正確に説明すること。
　b．テストの採点や解釈のサービスを使用する場合は，十分な情報を得てから使用すること。
　c．自動化されたサービスを用いる場合であっても，そのテストに対する責任をひきうけること。
9.10　アセスメント結果の説明
　　結果に対する説明は，クライエント本人または正統な代理人に対してきちんとなされるよう，しかるべき手段を講じること。
9.11　テストの保全
　　法令や契約上の制限にしたがい，テストに用いる道具類（検査用紙，マニュアル，用具，手続きなど）の安全を維持すること（みだりに公開しない，など）。

42

表2-2　心理検査の頒布条件の例

（（株）金子書房（n.d.）をもとに作成）

レベル	概要
レベルA心理検査	手引や解説書にしたがった実施・解釈を前提とし，基本的な心理検査に対する知識があれば，資格がなくても購入することができる心理検査
レベルB心理検査	実施者が大学院で心理検査および測定法に関する科目を履修し修了したか，それと同等の教育・訓練を終えていることを必要とする心理検査
レベルC心理検査	実施者が以下の条件を全て満たしていることが必要な心理検査 ① レベルBの基準を満たしている ② 使用する検査に関する教育・訓練を終えている。and/or その検査の実施経験がある ③ 関連領域について修士以上の学位を有している

測定協議会（NCME）の3団体により心理検査を購入できる資格がレベルA，B，Cの3段階に区分されており，資格を満たさない者が心理検査を購入することはできない。日本でもこの基準をもとに購入資格の基準を設けるようになってきている（表2-2）。

引用文献

Banks, L. M.（1995）. *The Office of Strategic Services Psychological Selection Program*（master's thesis, U. S. Army Command and General Staff College, Fort Leavenworth, KS）.
http://www.ossreborn.com/files/OSSPsychologicalSelectionProgram.pdf
Bronfenbrenner, U.（1979）. *The Ecology of Human Development: Experiments by Nature and Design*. Harvard University Press.　磯貝芳郎・福富護（訳）（1996）.

人間発達の生態学　発達心理学への挑戦. 川島書店.

Bruck, M. & Bond, F. W.（1998）. *Beyond Diagnosis: Case Formulation Approaches in CBT*. Chichester, West Sussex: John Wiley & Sons.　下山晴彦（編訳）（2006）. 認知行動療法ケースフォームレーション入門. 金剛出版.

Engel, G. L.（1977）. The need for a new medical model: A challenge for biomedicine. *Science, 196,*（4286）, 129-136.

Engel, G. L.（1980）. The clinical application of the biopsychosocial model. *The American Journal of Psychiatry, 5,* 535-544.

廣田昭久（2005）.「ウソ発見」は本当にウソを発見しているのでしょうか？　心理学ワールド, *30,* 34.

法務省（n.d.）. 矯正心理専門職区分.
http://www.moj.go.jp/kyousei1/kyousei_kyouse15.html

井澤修平（2016）. ストレスホルモンを測る. 安衛研ニュース, *87*（2016-01-08）.
https://www.jniosh.johas.go.jp/publication/mail_mag/2016/87-column-2.html

（株）金子書房（n.d.）. 心理検査の購入資格.
http://www.kanekoshobo.co.jp/company/c671.html

Nagy, T. F.（2005）. *Ethics in Plain English*（2nd ed.）. American Psychological Association.　村本詔司監訳（2007）. APA 倫理規準による心理学倫理問題事例集. 創元社.

日本臨床心理士資格認定協会（2018）. 新・臨床心理士になるために［平成30年版］. 誠信書房.

裁判所（n.d.）. 家庭裁判所調査官.
http://www.courts.go.jp/saiyo/message/tyousakan/

VandenBos, G. R.（ed.）（2007）. *APA Dictionary of Psychology*. Washington, DC: American Psychological Association.　繁桝算男・西本裕子（監訳）（2013）. APA 心理学大辞典. 培風館.

渡部洋（1993）. はじめに. 渡部洋編, 心理検査法入門, pp.12-23. 福村出版.

Weiner, I. B. & Greene, R. L.（2017）. *Handbook of Personality Assessment*（2nd ed.）. Hoboken, NJ: John Wiley & Sons.

3 │ 心理アセスメント2
─信頼性と妥当性，知能・発達検査─

石橋正浩

《目標とポイント》 心理アセスメントを進めるにあたっては，面接や行動観察とあわせて，問題を理解するために心理検査を使用することがある。本章では信頼性や妥当性など，心理検査として備えておくべき条件について理解する。あわせて本章では主な知能検査と発達検査について理解する。

《キーワード》 心理検査，信頼性と妥当性，標準化，知能検査，発達検査

1. 心理アセスメントと心理検査

　第2章で説明したように，心理アセスメントの方法として面接や行動観察とならんで心理検査の使用が挙げられる。これから見ていくようにさまざまな心理検査があるが，その目的は心という見えないものを定量化，すなわち数値によって目に見える形にし，心理的特徴を数値の大小によって理解できる形にすることにある。定量化するための「ものさし」を作成し，それにより定量化する営みを測定（measurement）といい，作成されたものさしを尺度（scale）という。心理検査が尺度として機能するためには，いくつかの要件をクリアしていることが求められる。

（1）信頼性

　信頼性（reliability）は測定されたデータの精度や再現性に関する概念である。たとえば重さを測る秤について考えてみる。同じものを同

じ秤で測定すれば，秤は同じ測定値を示すはずである。もし，同じもの を測定しているのに測定するたびに違う値を示す秤は，秤として信用で きない。このとき，この秤には信頼性があるとは言えない。

　心理検査から得られる得点は，真の得点と誤差の和として考えられる。 心理学的測定においては誤差を完全に排除することはきわめて困難であ るが，誤差が小さいほどその検査の信頼性は高いと言える。心理検査の 信頼性を検討する方法として，主なものを以下に示す。

① 再検査法

　同一の対象に同一の検査を複数回実施し，それぞれの得点の一致度を 信頼性の指標とする方法である。得点が一致しているほど信頼性が高い と判断されるが，再検査までの期間における経験が結果に影響を与える 可能性や，初回の検査経験が再検査の結果に影響を与える可能性を完全 には否定できない。

② 平行検査法

　ある検査と測定内容の等しい別の検査を同一の対象に実施し，得点の 一致度を信頼性の指標とする方法である。新たな検査を作成する場合に 既存の検査との一致度を検討するなどの目的でおこなわれることが多 い。同一の検査の繰り返しによる影響を排除することができるが，まっ たく等しい平行検査を準備できるかという問題がある。

③ 折半法

　検査項目を前半と後半あるいは奇数項目と偶数項目のように二つに分 け，両者の尺度得点の相関をもとに信頼性を検討する方法である。一度 の実施ですむというメリットがあるが，どう折半するかによって結果が 変わりうるという限界もある。

　折半法における信頼性の指標として，Spearman-Brown の公式が利 用される。折半された二つの検査から得られた相関係数（r）をもとに，

以下の式で算出される。

$$\rho = \frac{2r}{1+r}$$

④ α係数による内的整合性の検討

折半法の限界を補完する目的で開発された指標が，クロンバック（Cronbach, L. J.）のα係数である。α係数は，すべての組み合わせによる折半法を実施した場合に得られるρの平均値であり，以下の式で得られる。

$$a = \frac{k}{k-1}\left(1 - \frac{\Sigma_{i=1}^{k}\sigma_i^2}{\sigma_x^2}\right)$$

k：項目数，σ_i^2：各項目の分散，σ_x^2：検査得点の分散

一般に，α係数が.8以上であれば高い内的整合性があるなどと言われる。ただし，項目数が増えればα係数も高くなるなど各種の要因に左右されることが指摘されており，α係数を内的整合性の指標とすることへの批判もある（岡田，2015）。

（2）妥当性

妥当性とは，検査が測定したい内容を適切に測定しているかにかかわる概念である。先の秤の例でいえば，長さを測りたいときには秤は測定用具として妥当ではない。また重さを測るにしても，たとえば家庭用の一般的な秤ではナノグラムやトン単位のものの重さを測ることはできないので，測定対象によっては測定用具として妥当ではない。

心理検査における妥当性はいくつかの観点に分けられる。代表的なものを以下に示す。

① 内容的妥当性

検査の内容が，測定する概念と内容的，理論的に合致しているかとい

う観点からの妥当性である。たとえば不安を測定する心理検査の場合, 不安に関連する内容を含んだ検査であるかどうかが検討される。

② 基準関連妥当性

たとえばある検査を新たに作成した場合, 同じ目的をもつ既存の検査との相関をみることで妥当性を確認することがおこなわれる。このように, ある検査と外的基準との相関から判断される妥当性を基準関連妥当性という。上の例のように, 外的基準として既存の検査を使用する場合には併存的妥当性とよばれる。また, たとえばある適性検査の結果が将来の適応をどれだけ正しく予測するかなど, 未来の情報が外的基準となる場合には予測的妥当性とよばれる。

③ 構成概念妥当性

測定しようとする概念を構成する理論的要素があり, それにもとづいて複数の要素からなる検査を作成したとする。その検査によって得られたデータが実際に理論と一致しているかにかかわる妥当性を構成概念妥当性という。理論上の因子とデータから得られた因子が一致するかを因子分析によって検討するなどの手法により検討される。

（3） 標準化

心理検査の作成にあたっては通常, ① 目標を設定する；② 測定概念を明確にし, テストの意義や有効性を検討する；③ 検査の適用範囲や課題・質問項目, 実施法などを検討し, 原案を作成する；④ 予備調査として原案を施行し, 統計的処理をおこなって課題や質問項目の難易度や判別力を検討する；⑤ ④で問題がある場合には課題や質問項目の修正や削除, 差し替えなどの改訂をおこなう；⑥ 検査内容や実施法を確定させる；⑦ 改訂した検査を実施し平均や標準偏差などの基準を得るとともに, 信頼性と妥当性の検討をおこなう；⑧ 検査手引きを作成し

て公開する，などの　連の過程を経る（依田・杉若，2001）。こうした過程を経て一定の共通した実施法を確立し，検査から得られた結果に基準を設定する作業を標準化（standardization）という。共通した実施法が確立されていることにより比較可能なデータを得ることができる。そして基準が設定されていることにより，検査の適用対象となる集団（母集団）のなかでの各回答者の相対的位置を知ることができる。

（4）テスト・バッテリー

　心理アセスメントに心理検査を活用する場合，第2章で触れたように倫理的観点からみて適切かつ正統な検査用具を選択することが必要である。またアセスメントの目的からみて不必要な心理検査は実施すべきではないが，多くの場合，単独の心理検査で十分な情報が得られるわけではないため，複数の心理検査を組み合わせて実施する。この組み合わせをテスト・バッテリー（test battery）とよぶ。

2. 心理検査と医療保険制度

　世界には膨大な数の心理検査が存在しており，分類の方法も多様である。ざっと挙げてみても以下のような観点からの分類が可能である。
　① 個別実施検査と，集団実施検査
　② 本人を対象とした検査と，本人以外の関係者を対象とした検査
　③ 動作的パフォーマンスとして遂行する検査と，言語的パフォーマンスとして遂行する検査
　④ 正答を回答として求める検査と，普段の態度や考えを回答として求める検査
　日本の医療保険制度上では，心理検査は大きく「D283　知能・発達

表 3 - 1　医療保険制度における診療報酬区分により分類した心理検査の例

D283　発達及び知能検査	
D283-1 操作が容易なもの 80点	津守式乳幼児精神発達検査　遠城寺式乳幼児分析的発達検査 グッドイナフ人物画知能検査（DAP）　コース立方体組合せテスト フロスティッグ視知覚発達検査　レーヴン色彩マトリックス
D283-2 操作が複雑なもの 280点	MCC ベビーテスト　新版 K 式発達検査 田中ビネー知能検査 V　鈴木ビネー知能検査 大脇式盲人用知能検査
D283-3 操作と処理が極めて 複雑なもの　450点	WISC-IV 知能検査　WAIS-III 知能検査

D284　人格検査	
D284-1 操作が容易なもの 80点	モーズレイ性格検査（MPI） Y-G 矢田部ギルフォード性格検査 TEG-II 東大式エゴグラム
D284-2 操作が複雑なもの 280点	バウムテスト　SCT（文章完成法検査） P-F スタディ　MMPI（ミネソタ多面的人格目録） 16P-F人格検査　ソンディ・テスト
D284-3 操作と処理が極めて 複雑なもの　450点	ロールシャッハ・テスト CAPS（PTSD 臨床診断面接尺度） TAT 絵画統覚検査　CAT 幼児児童用絵画統覚検査

D285　認知機能検査その他の心理検査	
D285-1 操作が容易なもの 80点	HDS-R 改訂長谷川式簡易知能評価スケール　MMSE 精神状態短時間検査 SDS うつ性自己評価尺度　CES-D うつ病自己評価尺度 STAI 状態・特性不安検査　POMS 2（気分プロフィール検査） IES-R（改訂　出来事インパクト尺度） TK 式診断的新親子関係検査　WHO-QOL 26 CMI 健康調査票　GHQ 精神健康評価票 COGNISTAT（コグニスタット認知機能検査） AQ 日本語版自閉症スペクトラム指数 MOCI 邦訳版（モーズレイ強迫神経症質問紙）
D285-2 操作が複雑なもの 280点	内田クレペリン精神検査 ベンダー・ゲシュタルト・テスト WCST ウィスコンシン・カード分類検査 SCID 構造化面接法　Ray-Osterrieth 複雑図形検査
D285-3 操作と処理が極めて 複雑なもの　450点	ITPA　WAB 失語症検査 K-ABC-II　WMS-R（ウェクスラー記憶検査） ADAS（アルツハイマー病評価スケール） 発達障害の要支援度評価尺度（MSPA） 親面接式自閉スペクトラム症評定尺度改訂版（PARS-TR）

（厚生労働省，2016 をもとに作成）

検査」,「D284　人格検査」,「D285　認知機能検査その他の検査」に分けられる。これらの三つはそれぞれ,施行および結果の処理に必要とされる時間によって,「1　操作が容易なもの」(概ね40分以上を所要),「2　操作が複雑なもの」(概ね60分以上を所要),「3　操作と処理が極めて複雑なもの」(概ね90分以上を所要)の3段階に分類される。なお難易度によって診療報酬点数が決まっており,「1　操作が容易なもの」が80点,「2　操作が複雑なもの」が280点,「3　操作と処理が極めて複雑なもの」が450点となっている(厚生労働省, 2018)。

　なお,同種の検査を同一日に実施した場合,診療報酬として請求できるのはいずれか一つの検査である。たとえば,WISC-IV知能検査とバウムテストを同一日に実施した場合,WISC-IVは「D283　発達及び知能検査」,バウムテストは「D284　人格検査」に属しており双方を診療報酬として請求できるが,ロールシャッハ・テストとバウムテストを同一日に実施した場合,この二つはいずれも「D284　人格検査」に属しているので,診療報酬として請求できるのはいずれか一つとなる(厚生労働省, 2018)。

3.　知能検査

　知能(intelligence)は複数の側面や性質から構成された概念であり,どの側面や性質を重視するかによって定義もさまざまである。アメリカ心理学会は,「情報の獲得や経験からの学習,環境への適応,理解,あるいは思考や推論の適正な利用を可能にする能力」と説明している(VandenBos, 2007　訳書　p.591)。その知能を測定する目的で作成されたのが知能検査である。ここでは主にビネー式とウェクスラー式について述べる。

（1）ビネー式知能検査

① 歴史

　フランスの心理学者であったビネ[注1]（Binet, A.）は，義務教育制度の整備にともない問題化した学業不振児への対策を検討するフランス教育省の委託を受け，共同研究者であったシモン（Simon, T.）とともに1905年，知的障がいをもつ子どもを早期に発見する方法として知能測定尺度を発表した。ビネとシモンはその後1908年と1911年に尺度の改訂版を発表している。

　1905年版の知能測定尺度は難易度の順にならんだ30個の問題によって構成された。1908年版では問題数が57に増え，3歳から13歳までを1歳ずつの年齢級に分け，年齢級ごとに4～8個の問題を配置する形になっている。たとえば3歳級の問題は，① 目，耳，口の指示；② 絵の中の事物の列挙；③ 2数詞の復唱，④ 文章の反唱（6音節文）；⑤ 姓を言う，の5題からなっている（田中教育研究所，2003）。

写真3-1　アルフレッド・ビネ

　この知能測定尺度はヨーロッパ各国ならびにアメリカにわたってゆき，アメリカではターマン（Terman, L. M.）がアメリカ人のデータによる標準化をおこない，自らの勤務校の名前を冠した「スタンフォード改訂増補ビネー・シモン知能測定尺度」，通称スタンフォード・ビネー検査を1916年に発表した。ターマンはスタンフォード・ビネー検査において，シュテルン（Stern, W.）が提唱した知能指数（Intelligence Quotient：IQ）を導入した。IQ は被検査者の実年齢（生活年齢 Chronological Age, CA）と，検査から算出される知的水準（精神年齢 Mental Age：MA）との比として，以下の式で算出される。

$$IQ = \frac{MA}{CA} \times 100$$

　日本では1908年に三宅鉱一がビネとシモンの1905年尺度を論文で紹介しており，1910年代には久保良英が日本での標準化の作業に着手している（中村・大川，2003）。

② 田中ビネー知能検査

　日本で現在最も使用頻度の高いビネー式知能検査は，田中寛一により標準化された田中ビネー知能検査である。1947年に発表され，その後幾度かの改訂を経ており，2003年に発表された「田中ビネー知能検査Ⅴ」が2020年時点での最新版である。

　田中ビネー知能検査Ⅴの適用年齢は2歳から成人までであり，1歳級から13歳級までの年齢尺度により構成されている。また田中ビネー知能検査Ⅴからは成人級の問題が再構成され，成人に対してはMAを算出する代わりに次のウェクスラー式知能検査の項で説明する偏差IQが算出されるようになった。

③ 鈴木ビネー知能検査

　鈴木ビネー知能検査は当時大阪市の視学（戦前の教育制度における教

育行政官）であった鈴木治太郎が大阪で収集したデータをもとに標準化した知能検査であり，1930年に発表された。その後幾度かの改訂を経て，鈴木自身による改訂は1956年が最後であった。その後改訂を求める声により再標準化の作業がはじまり，2007年に「改訂版　鈴木ビネー知能検査」が発表された（鈴木，2017）。

　76個の問題から構成されており，適用年齢は2歳0ヶ月から18歳11ヶ月である。

（2）ウェクスラー式知能検査

　ニューヨークのベルビュー病院の主任心理学者であったウェクスラー（Wechsler, D.）は，知能を複数の因子によって構成されるものと考えており，スタンフォード・ビネーのMAやIQは情報として不十分であると考えた。1939年，16歳以上の成人を対象とするウェクスラー・ベルビュー知能検査（Wechsler Bellevue Intelligence Scale：WBIS）を発表した。WBISはその後1955年にWAIS（Wechsler Adult Intelligence Scale）と改称されるとともに，児童を対象としたWISC（Wechsler Intelligence Scale for Children）が1949年に，幼児を対象としたWPPSI（Wechsler Preschool and Primary Scale of Intelligence）が1967年にそれぞれ発表された。それぞれ現在までに幾度かの改訂を経ており，国内ではWAISが第4版（WAIS-IV，2018年），WISCが第4版（WISC-IV，2010年），WPPSIは第3版（WPPSI-III，2017年）が2020年時点での最新である（表3-2）[注2]。

　ウェクスラー式知能検査に共通する特徴として，偏差IQが挙げられる。ウェクスラー式知能検査では母集団となる年齢集団ごとに検査得点の平均と標準偏差が得られており，それらをもとに平均100，標準偏差15の正規分布になるよう変換した値をIQとして使用する。検査全体の

表3-2　ウェクスラー式知能検査の種類

検査名		2020年時点での 最新版（日本版発表年）	適用年齢
WAIS	ウェクスラー成人 用知能検査	WAIS-IV（2018年）	16歳0ヶ月〜90歳11ヶ月
WISC	ウェクスラー児童 用知能検査	WISC-IV（2010年）	5歳0ヶ月〜16歳11ヶ月
WPPSI	ウェクスラー就学 前幼児用知能検査	WPPSI-III（2017年）	2歳6ヶ月〜7歳7ヶ月

IQ（全検査IQ；FSIQ）は以下の式で求められる。

$$FSIQ = 15 \times \frac{(x-M)}{SD} + 100$$

x：個人の得点，M：該当する年齢集団の平均得点，SD：標準偏差

　検査の構成としては，WISC-IVについて言えば，改訂の過程で言語理解指標（VCI），知覚推理指標（PRI），作動記憶指標（WMI），処理速度指標（PSI）の4指標による区分が採用され，FSIQに加えてそれぞれの指標得点が得られるようになった（Wechsler, 2001　訳書）。ビネー式にくらべるとより診断的であり，指標間の比較，下位検査間の比較，下位検査内での比較など，多様な視点からアセスメントをおこなっていく。

（3）その他の知能検査
① グッドイナフ人物画知能検査（Draw-A-Man Test：DAM）
　グッドイナフ（Goodenough, F. L.）が1926年に発表した検査である。《人をひとり描いてください。頭から足の先まで全部ですよ。しっかりやってね》と教示し，男性が描かれた絵を採点対象とする。日本では

1965年に標準化された後，2017年に再標準化がおこなわれた（小林・伊藤，2017）。適用年齢は3歳〜8歳6ヵ月である。DAM単独で知能をアセスメントすることはないが，実施が簡便であることなどからビネー式やウェクスラー式の知能検査を実施する前のウォーミングアップ課題として実施されることがある。

② **コース立方体組合せテスト**

コース（Kohs, S. C.）が1920年に発表した検査で，赤，白，青，黄に塗りわけられた立方体の木製ブロックを組み合せ，見本に示されたのと同じ模様を作成するという作業検査である。また視覚障がいをもつ人を対象として，色の代わりに手触りの異なる布をブロックと見本に貼り，見本と同じ模様を作成する問題により構成された大脇式盲人用知能検査がある（岡堂編，1993）。

4. 発達検査

発達検査は，子どもの精神発達水準を評価する項目に加えて，身体的発達や日常生活場面における適応行動の発達を評価する問題から構成された検査であり，主として乳幼児を対象としている。ビューラー（Bühler, C.）やゲゼル（Gesell, A. L.）による発達検査をはじめ，多くの発達検査が発表されてきた。国内でもこれらの検査を下敷きにして標準化されたものなど，多数の発達検査があるが，ここでは主だったものを三つ紹介する。

（1）新版K式発達検査

新版K式発達検査は京都市児童院（現在は京都市児童福祉センター）が1951年に開発した発達検査であり，数度の改訂を経て現在は2001年に

発表された「新版Ｋ式発達検査2001」が2020年時点での最新版である。

　検査は姿勢・運動，認知・適応，言語・社会の三つの領域を評価する課題で構成されている。適用年齢は０歳から成人であるが，０歳代の乳児から就学前の幼児が主たる対象となる場合が多い。合格した課題の数をもとに得られる発達年齢（Developmental Age：DA）とCAから，ビネー式のIQと同様の計算により，各領域および検査全体における発達指数（Developmental Quotient：DQ）が算出される。

（2）乳幼児精神発達診断法（津守式）

　乳幼児精神発達診断法は津守真を中心に開発された，１ヶ月〜７歳までの子どもを対象とした発達検査である（津守・稲毛，1961；津守・磯部，1965）。運動，探索，社会（おとなとの関係，子どもとの関係），生活習慣（食事，排泄，その他），言語の５領域から子どもの発達を評価する。

　検査用紙は１〜12ヶ月，１〜３歳，３〜７歳の３つの分冊になっている。子どもの養育者からの聴取により，各項目を「○：確実にできる」，「△：ときどきできる，またはここ数日でやっとできるようになった」，「×：できない，またはそのような経験がない」のいずれかで評価する。０歳から３歳まではDAとDQを求めることができるとともに，発達プロフィールを利用して領域ごとの発達水準を視覚化することができる。

（3）Vineland-II 適応行動尺度

　Vineland-II（ヴァインランド・ツー）適応行動尺度はスパロー（Sparrow, S. S.）らが1984年に発表したVineland適応行動尺度の改訂版であり，2005年に発表された（日本版は2014年に発表）。対象者をよく知る人を回答者とする半構造化面接により実施され，対象者の適用年齢

は0歳〜92歳である。

　検査は「コミュニケーション」（受容言語，表出言語，読み書き），「日常生活スキル」（身辺自立，家事，地域生活），「社会性」（対人関係，遊びと余暇，コーピング），「運動スキル」（粗大運動，微細運動）の4つの領域と，オプションの不適応行動領域から構成されている。それぞれの領域得点と合計点（適応行動総得点），各領域の下位検査の評価点が標準化された得点として得られる（Sparrow, Cicchetti, & Balla, 2005　訳書）。

》》注

注1）Binet は従来「ビネー」と読み表されてきたが，最近はよりフランス語の発音に近い「ビネ」を使用する例が増えている。本書では検査の名称に関する部分を除き，「ビネ」と表記する。

注2）WISC は2014年にアメリカで第5版（WISC-V）が発表されており，日本における標準化の作業が進んでいる。

引用文献

小林重雄・伊藤健次（2017）．グッドイナフ人物画知能検査　新版ハンドブック．三京房．

厚生労働省（2016）．診療報酬の算定方法の一部改正に伴う実施上の留意事項について（平成28年保医発0304第3号）．

厚生労働省（2018）．診療報酬の算定方法の一部改正に伴う実施上の留意事項について　別添1　医科診療報酬点数表に関する事項（厚生労働省通知　平成30年保医発0305第1号）．

岡田謙介（2015）．心理学と心理測定における信頼性について：Cronbach の α 係数とは何なのか，何でないのか．教育心理学年報，*54*，71-83．

岡堂哲夫編（1993）．増補新版　心理検査学．垣内出版．

Sparrow, S. S., Cicchetti, D. V., & Balla, D. A. (2005). *Vineland Adaptive Behavior*

Scales, [2nd ed.] NCS Pearson, Inc. 辻井正次・村上隆（監訳）（2014）．日本版 Vineland-II 適応行動尺度．日本文化科学社．

鈴木朋子（2017）．鈴木ビネー知能検査改訂への道：心理検査出版社社員へのインタビューから．横浜国立大学教育人間科学部紀要．I，教育科学，19，85-101．

田中教育研究所（編）（2003）．田中ビネー知能検査V　理論マニュアル．田研出版．

津守真・稲毛教子（1961）．乳幼児精神発達診断法　0〜3歳まで．大日本図書．

津守真・磯部景子（1965）．乳幼児精神発達診断法　3〜7歳まで．大日本図書．

VandenBos, G. R.（ed.）（2007）. *APA Dictionary of Psychology*. Washington, DC : American Psychological Association. 繁桝算男・西本裕子（監訳）（2013）．APA 心理学大辞典．培風館．

Wechsler, D.（2003）. *Technical and Interpretative Manual for the Wechsler Intelligence Scale for Children-Fourth Edition*. NCA Pearson. 日本版 WISC-IV 刊行委員会（訳編）（2010）．日本版 WISC-IV　理論・解釈マニュアル．日本文化科学社．

依田麻子・杉若弘子（2001）．心理アセスメント序説．上里一郎（監修），心理アセスメントハンドブック（第2版），pp.3-7．西村書店．

4 | 心理アセスメント3
―パーソナリティ検査，神経心理学的検査―

石橋正浩

《**目標とポイント**》 第3章に引き続き，本章では心理アセスメントに使用される心理検査について解説する。特に，パーソナリティ検査と神経心理学的検査について紹介する。その上で，3回にわたって学んだ心理アセスメントについてのまとめをおこなう。
《**キーワード**》 パーソナリティ検査，投影（映）法，神経心理学的検査

1. パーソナリティ検査（1）：心理測定学的手法

　パーソナリティ検査（人格検査）は，回答者のパーソナリティの特徴を定量化し，アセスメントの資料とすることを目的とした測定用具である。パーソナリティ検査として用いられる各種の測定尺度は前章で述べた標準化の手続きを踏んで作成されており，母集団からの偏りやプロフィールのパターンなどを参照することができる。

（1）特性5因子モデルにもとづくパーソナリティ検査

　パーソナリティの多様性を記述するためのモデルとして，情動の安定の水準（安定―不安定）などにかかわる「神経症傾向」（Neuroticism），対人関係の量や強さ，あるいは活動の水準（活動的―非活動的）などにかかわる「外向性」（Extraversion），経験を積極的に求め楽しもうとする傾向やなじみのないものを意に介さない傾向などにかかわる「開放性」

（Openness），同情や信頼，あるいは敵意や冷たさといった対人関係の志向性にかかわる「調和性」（Agreeableness），目標志向的行動に対する気構えや集中力・持久力などにかかわる「誠実性」（Consciousness）の五つの因子の組み合わせから説明しようとする「特性5因子モデル」が心理学における主流となっている（下仲ら，1998）。

　特性5因子モデルに基づいたパーソナリティ検査としては，コスタ（Costa, P. T.）とマックリー（McCrae, R. R.）による NEO-PI-R 人格

表4-1　NEO-PI-R における5因子モデルの各次元と，その特徴

次元	下位次元	低得点者の特性	高得点者の特性
神経症的傾向 （N）	不安　傷つきやすさ 抑うつ　自意識 衝動性　敵意	静かな，リラックスした，感情的でない，苦痛に耐える，安心している，自足している	心配性，神経質，感情的，不安な，不全感，心気的
外向性 （E）	温かさ　群居性 断行性　活動性 激希求性　よい感情	控えめな，冷静な，元気のない，超然とした，仕事中心の，遠慮がちの，一歩退いた	社交的，活動的，おしゃべり，人好きな，楽観的，楽しみを求める，愛情深い
開放性 （O）	空想　審美性 感情　行為 アイデア　価値	伝統的な，地に足のついた，興味の狭い，芸術的でない，分析的でない	好奇心のある，興味が広い，創造的，独創的，想像力のある，伝統的でない
調和性 （A）	信頼　実直さ 利他性　応諾 慎み深さ　優しさ	皮肉っぽい，粗野な，疑い深い，非協力的な，執念深い，無慈悲な，いらいらしやすい	柔和な，気のよい，人を信じる，人を助ける，人を許す，だまされやすい，率直な
誠実性 （C）	コンピテンス　秩序 良心性　達成追求 自己鍛錬　慎重さ	無目的な，頼りにならない，怠惰な，不注意な，たるんだ，意志の弱い，快楽的な	しっかりした，頼りになる，一生懸命やる，自制心のある，時間を守る，几帳面な

（下仲ら，1998をもとに作成）

検査（Revised NEO Personality Inventory）がある。NEO-PI-R は上記の5つの特性因子のそれぞれに6つの下位次元を設け，240項目から構成されている。日本では下仲ら（1998）が大学生と成人を対象に標準化をおこなっている（表4-1）。また短縮版として60項目からなる NEO-FFI（NEO Five Factor Inventory）がある。また，翻訳ではない特性5因子パーソナリティ検査として，辻らによる改訂 FFPQ 5因子検査（Five Factor Personality Questionnaire）がある（FFPQ 研究会，2002）。

（2）MMPI

　ミネソタ多面的人格目録（Minnesota Multiphasic Personality Inventory：MMPI）は，ミネソタ大学のハサウェイ（Hathaway, S. R.）とマッキンリー（McKinley, J. C.）により1943年に発表された心理検査である。

　MMPI は550の項目から構成されており，4個の妥当性尺度と10個の臨床尺度からなる（表4-2）。臨床尺度はさまざまな疾患群と対照群との比較において統計的有意差の見られた項目で構成されており，疾患の特徴を直接的に反映しているわけではない内容の項目が尺度に含まれることも少なくない。妥当性尺度と臨床尺度を基礎尺度といい，これに加えて MAS（顕在性不安尺度）や Es（自我強度尺度）など多数の追加尺度が存在する（日本臨床 MMPI 研究会監修，2011）。

　各尺度の得点の高低に加えて，得点の最も高い二つの尺度の組み合わせによる「2点コード」などのプロフィールのパターン，追加尺度や指標などを利用して解釈仮説を生成してゆく。

表4-2　MMPI の妥当性尺度と臨床尺度

尺度	内容
妥当性尺度	
疑問尺度（?）	不決断や否定的態度
虚偽尺度（L）	人の一般的な弱点を受け入れない傾向（社会的望ましさ）
頻度尺度（F）	一般の考え方とのズレの程度，適応水準
修正尺度（K）	自己開示と自己防御のバランス
臨床尺度	
第1尺度（Hs）	保守性，精神面の無視傾向，身体的訴えを使う場面回避
第2尺度（D）	現状への不満，不適応感，抑うつ気分
第3尺度（Hy）	ストレス対処の仕方（否認や抑圧傾向）
第4尺度（Pd）	何か（人や制度など）に逆らい闘う傾向，主張性
第5尺度（Mf）	役割の柔軟性，性役割観
第6尺度（Pa）	対人関係での感受性，疑問を抱く傾向
第7尺度（Pt）	不安定
第8尺度（Sc）	現実との接触の仕方，疎外感
第9尺度（Ma）	活動性
第0尺度（Si）	社会参加や対人接触を避ける傾向

（田中，1998より）

（3）エゴグラム

　エゴグラムは，バーン（Berne, E.）による交流分析理論に基づいてデュセイ（Dusay, J. M.）が考案した自我状態の主観的表現法であり，のちに客観的な心理検査として成立した。日本では東京大学病院の心療内科が1984年に標準化し，2006年に改訂した新版東大式エゴグラム（TEG）などがある。

　エゴグラムは「批判的な親」(CP)，「養育的な親」(NP)，「大人」(A)，「自由な子ども」(FC)，「順応した子ども」の五つの自我状態からパーソナリティを理解しようとする（表4-3）。五つの尺度の得点をもとに描かれるプロフィールのパターンを利用して解釈をおこなう（東京大学

表4-3　エゴグラムにおける5つの自我状態

自我状態	パーソナリティとしての特徴
批判的な親（CP）	責任感が強い，厳格，批判的，理想をかかげる，完全主義 etc.
養育的な親（NP）	思いやりがある，世話好き，やさしい，受容的，同情しやすい etc.
成人（A）	現実的，事実や客観性を重視，冷静沈着，効率的に行動する etc.
自由な子ども（FC）	自由奔放，感情をストレートに表現，明朗快活，創造的，活動的 etc.
順応した子ども（AC）	人の評価を気にする，他者を優先する，自己主張が少ない，よい子としてふるまう etc.

（東京大学医学部心療内科 TEG 研究会編，2006をもとに作成）

医学部心療内科 TEG 研究会編，2006）。

2. パーソナリティ検査（2）：投影(映)法[注1]

　「APA 心理学大辞典」（VandenBos, 2007　訳書）は，投影(映)法を以下のように説明している。

　　個人に特有な，時にはかなり特異な反応を引き起こすことを目的とした，比較的曖昧な一連の刺激からなる，人格査定法の総称。ロールシャッハ法や主題統覚検査，そして文章完成法や言語連想法などが，この代表としてあげられる。投映法は議論の絶えない方法であり，一つの投映法だけによるデータを抜きにした人格査定法は不十分であるという見解もあれば，こうした手法には信頼性や妥当性が欠けており，ここから得られる人格構造や機能に関する解釈は全くの仮説にすぎず，科学的でな

いという見解まで，幅広く議論されている。(p. 636)

　上に述べられているように，投影(映)法は信頼性と妥当性の観点から
たびたび批判の対象となってきた経緯がある。一方で，他の方法では得
られない有用な情報を得る手段としてその有用性の高さを主張する専門
家も少なくない。

　辻（1997）は，投影(映)法に共通する課題の構造として，課題のもつ
規定枠の相対化を指摘している。たとえば飛行機の写真を見せて「何に
見えますか」と尋ねる課題を実施したとする。この課題に対する答えは
「飛行機」以外には考えられない。これを課題の規定枠の問題として考
えると，この課題は正答が一つに限定される規定枠をもっていると理解
することができる。それに対して投影(映)法は，書きかけの文章，イン
クのシミ，いろいろな解釈が可能な場面が描かれた絵などのさまざまな
刺激を使い，いろいろと答えようがあるという状況，言い換えると課題
のもつ規定枠が相対化された状況に対して，回答者がどう答えるかに着
目している。

　一例を挙げると，文章完成法は，「私の母　　　　」などのような書き
かけの文章の続きを考えてもらう課題である。これを会話におきかえる
と，「あなたのお母さん？」という問いかけになる。もしこう問われた
としたら，「私の母の何について聞きたいのですか？」と逆に尋ねたく
なるのではないだろうか。文章完成法はこの「何について」の部分を回
答者が考えて回答してくれることを期待する課題である。このように投
影(映)法は，回答者がこの相対化された規定枠を何によって埋めたかに
その人らしさが現れるという前提にたっていることになる。

（1）文章完成法（SCT）

　先にも述べたように，文章完成法（Sentence Completion Test：SCT）は刺激として書きかけの文章を用意し，続きを考えてもらう課題からなる検査である。古くはエビングハウス（Ebbinghaus, H.）が知的統合力の測度としてSCTを採用しているが，1940年代以降にパーソナリティ検査としてSCTの研究がさかんにおこなわれるようになった（生熊・稲松，2001）。

　SCTは目的に応じて刺激文を自由に作成することが可能であるが，定式化されているものとして「精研式文章完成法テスト」（佐野・槇田，1972）がある。これは60個の刺激文が二つのパートに分けられており，《なんでもよいので最初に頭に浮かんだことを記入して文章をつくる》旨を教示し，回答者に記入を求める。

　結果は，情意的側面，志向的側面，力動的側面などのパーソナリティ要因と，決定要因として身体的要因，家庭的要因，社会的要因から評価をおこなう。また文章の長さや書体（字の大きさ，運筆など）といった形式的側面も補助的に考慮される。

　バリエーションとして，「私は＿＿＿。」という書きかけの文章を20個ならべ回答を求める「20答法」（Kuhn & McPartland, 1954）や，通常のSCTの形式で回答を求めた後，「が」という接続助詞から始まる空欄を提示し，全体が一つの文章になるよう回答を求める「SCT-B」（小林，1990）などがある。

（2）樹木画テスト（バウムテスト）

　バウムテストはスイスの心理学者コッホ（Koch, K.）が体系化した技法である（Koch, 1957　訳書）。A4判の画用紙と筆記具（鉛筆，消しゴム）を用意し，《果物の木を1本，できるだけ上手に描いてください》と教

示する^{注2)}。

　描かれた絵は，全体の印象やそれぞれの部分（根，幹，樹冠，枝，実など）の形態，グリュンヴァルト（Grünwald, M.）による空間象徴図式からの所見などを総合して解釈される。空間象徴図式は，おおまかにいうと上は精神性，下は物質性，右は未来志向・外向性，左は過去志向・内向性を象徴しており，描画用紙を4つに区切ると右上が能動性，左上が受動性，右下が欲動や葛藤，左下が退行や固着を意味するという図式である（Koch, 1957　訳書）。

　また変法として，1枚めとは異なる樹木画を描いてもらう2枚法や，さらに3枚めとして想像上の木や空想的な木（「夢の木」）を描いてもらう3枚法など，さまざまな技法が提案されている（阿部, 2013）。

（3）主題統覚検査（TAT）

　主題統覚検査（Thematic Apperception Test：TAT）は，マレー（Murray, H. A.）とモーガン（Morgan, C. D.）が1935年に発表した検査技法である。さまざまな場面を描いた絵30枚と何も描かれていない1枚のなかから，性別と年齢に応じて20枚を使用する。教示の要点は，絵を見て，① 現在どのような状況にあるか，② この状況になる前はどうであったか，③ これからこの状況はどうなっていくか，という点を含めて簡単な物語を述べてもらうことである。教示をして図版を所定の順番で提示するが，研究者によっていくつかのバリエーションがある。

　解釈の技法も多様であり，マレーは物語に現れた欲求と圧力の関係から回答者のパーソナリティを理解しようとした。わが国では山本（1992）による「かかわり分析」や，それぞれの図版のもつ特徴をふまえて着眼点を整理した鈴木（1997）の分析枠などがある。

（4）ロールシャッハ法

　ロールシャッハ法（Rorschach Inkblot Method：RIM）は，スイスの精神科医ロールシャッハ（Rorschach, H.）により1921年に発表された技法であり，左右対称のインクのシミ（ブロット）による図形が印刷された10枚のカードで構成されている。ロールシャッハは10枚のカードを順に見せ，《これは何に見えますか》と教示し，与えられた反応に対して，ブロットのどこを使用したか（反応領域），ブロットのどのような性質を使用したか（反応決定因），見られたものはよい形体をしているか（形態水準），何が見られたか（反応内容），見られたものは他の人もよく見るものか（公共反応）という点に着目して反応を分類する記号体系を考えた。そして一般成人，知的障がいをもつ人，統合失調症をもつ人などの群ごとによる反応の特徴を，記号の数量の点から記述的に整理し，考察をおこなっている。

　ロールシャッハはこの手法をさらに発展させていこうとしていたが，発表の翌年（1922年）に病気のため急死する。開発者を失ったこの技法は，アメリカ，ヨーロッパ，そして日本において，この技法に関心をも

写真4-1　ヘルマン・ロールシャッハ

つ研究者によるさまざまなアイデアを加味されながら発展した。その結果，RIMの実施と結果の処理に関する多くの学派やシステムが生まれることになった。

現在，世界中で最も多く使用されているシステムは，エクスナー（Exner, J. E. Jr.）による「包括システム（The Comprehensive System）」である（Exner, 2003　訳書）。エクスナーはアメリカにおける主要なロールシャッハ・システムであった5つの学派で採用されていた記号や指標を整理し，統計的根拠をもち臨床的にも有用であるものを抽出することによって，RIMの信頼性と妥当性の向上に貢献した。さらには，エクスナーの共同研究者であったマイヤー（Meyer, G. J.）やエルドバーグ（Erdberg, P.）らにより，R-PAS（The Rorschach Performance Assessment System）が開発された（Meyer et al., 2011 訳書）。R-PASはロールシャッハ法をパフォーマンス課題と位置づけ，カード1枚あたりに与える反応の数を2〜3個に制限することによって反応数（R）を統制し，指標の精度を高めることをねらっている。

3．神経心理学的検査

神経心理学は大脳をはじめとした中枢神経系と心のはたらきを関係づけて解明する心理学の一領域であり，中枢神経系の損傷により認知，記憶，言語などに現れた症状の評価を含んでいる（杉下, 2001）。近年は発達障がいや認知症をもつ人の認知機能のアセスメントをはじめとして，神経心理学的検査の実施が求められる機会が増加している（小海, 2015）。

（1）高齢者の認知機能のアセスメントツール

　高齢者の認知機能，とりわけ認知症のスクリーニングに用いられる簡便な認知機能検査として，改訂版長谷川式簡易知能評価スケール（Hasegawa Dementia Scale：HDS-R）と精神状態短時間検査（Mini-Mental State Examination：MMSE）がある。

　長谷川式簡易知能評価スケールは長谷川和夫が認知症のスクリーニング検査として1974年に HDS を発表し，その後1991年に加藤らが改訂版（HDS-R）を発表した。年齢，時の見当識，場所の見当識，復唱，計算，数の逆唱，再生，呼称，想起の課題からなり，国内で広く用いられている（小海，2015）。

　MMSE はフォルスタイン（Folstein, M. F.）らによって考案された検査で，もとは精神疾患をもつ患者のなかから認知機能に問題をもつ患者を検出することを目的としていたが，認知機能の検査として広く用いられるようになった（小海，2015）。検査は見当識（時，場所），記銘，注意と計算，再生，呼称，復唱，理解，読字，書字，描画（図形模写）の課題からなり，日本語版として杉下らが標準化した MMSE-J がある（杉下ら，2018）。MMSE-J は原版との比較が可能なように標準化されており，海外のデータとの比較が可能だという特徴がある。

（2）失語症のアセスメントツール

　失語症は脳の損傷により，それまでに獲得されていた言語機能が損なわれた状態と理解される。失語症のアセスメントに用いられる心理検査として，標準失語症検査（Standard Language Test of Aphasia：SLTA）や WAB 失語症検査（Weatern Aphasia Battery：WAB）などがある。

　SLTA は日本高次脳機能障害学会による総合的失語症検査であり，

「聴く」（単語の理解，単文の理解など），「話す」（呼称，単語の復唱など），「読む」（漢字・単語の理解，仮名・単語の理解など），「書く」（漢字・単語の書字，仮名・単語の書字），「計算」の五つの側面を，例として括弧内に示したものを含めた26個の下位検査により測定する（小海，2015）。

WAB 失語症検査はカーテス（Kertesz, A.）により作成された包括的な失語症検査であり，38個の検査項目が「自発話」，「話しことばの理解」，「復唱」，「呼称」，「読み」，「書字」，「行為」，「構成」の八つの下位検査に分類される。下位検査の得点からプロフィールとともに，失語症の重症度を示す失語指数（AQ：0-100の値をとり低いほど重症であることを示す）などの指標が得られるようになっている（杉下・小俣，2001）。

（3）ベンダー・ゲシュタルト検査

ベンダー視覚運動ゲシュタルト検査（Bender Visual Motor Gestalt Test），通称ベンダー・ゲシュタルト検査（BGT）は，アメリカの児童神経精神科医ベンダー（Bender, L.）により開発された検査である。ゲシュタルト心理学の創始者の一人であるヴェルトハイマー（Wertheimer, M.）が作成した9種類の幾何図形を刺激とし，順に提示してＡ4判の用紙に模写してもらう検査である。

ベンダーはゲシュタルト心理学が掲げる「よい形態の法則」に対して，成長の過程にある子どもや神経・精神医学的疾患をもつ患者など，「よい形態」を模写により再生することが困難な対象に関心をむけ，成熟の過程あるいは機能の停滞の様子をとらえようとした（高橋，1969）。

結果の整理と解釈については，刺激図形からの逸脱を重みづけし得点を求めるパスカル（Pascal, G. R.）とサッテル（Suttel, B. J.）による整理法，子どもを対象とし逸脱した指標の数から発達水準を推定するコピ

ッツ（Koppitz, E. M.）の整理法がよく使用されるが，日本では標準化
された基準がないのが現状である。またパスカル・サッテルの整理法を
もとに検討された独自の整理法として，佐藤の「XYZ法」が挙げられ
る（佐藤，1993）。

4. まとめ

　心理支援には実に数多くの学派や理論，技法が存在している。対象者
の属性や対象とする問題によってそれら多くの技法のなかから適切なも
のを取捨選択していくことになるのであるが，すべての心理支援に共通
する目標は，自分で自分を助けられるようになること，すなわち「自助」
と，何事も自分でできるようになること，すなわち「自立」である
（Brammer & MacDonald, 2003　訳書）。心理アセスメントは，何がクラ
イエントの自助と自立を阻んでいるのか，そして何があればクライエン
トの自助と自立を促進する上で役に立つのかを支援の過程のなかで常に
検討しながら，「見立て」をアップデートしていく作業であると言える。
すなわち，支援の展開とともにアセスメントも絶えず更新されていくの
である。

　心理検査を用いる際の注意点としては，第一に目的を明確化し，検査
目的をきちんと説明し同意を得ることが必要であることはいうまでもな
い。第二に，そうして得られた結果はクライエントのパフォーマンスの
最大値ではなく最小値であるという視点は重要である。検査が実施され
る状況は多くの場合，受検者にとっては不慣れな場所であり，検査担当
者は専門家といえども普段から見知った人ではない。いわば検査状況は
受検者にとってはアウェーの状況である。実際に知能検査や発達検査で
は，家や学校ではできている問題が検査状況だとできないということが

割合に生じる。したがって結果の解釈やそのフィードバックに際しても，《ここまでしかできていない》のではなく，《ここまではできている》という視点からおこなう方が，より実態に即していると思われる。あわせて，正答と誤答がある検査の場合には，正答か誤答かという結果だけでなく，どうできたか，あるいはどうできなかったかという過程にも着目することが「その人らしさ」を理解する上でも，そしてフィードバックとしてその理解を伝える上でも役に立つことが多い。

　最後に，心理検査やその結果のもつ権力性についても配慮が必要である。検査者にそのつもりがなくても，検査から得られた「結果」——たとえばIQ——だけが一人歩きしてしまうことはしばしばある。過去には，心理検査は選別の道具であり人権の侵害や差別の助長につながりうるという批判が，「テストされる側」の当事者と「テストする側」の心理士の双方からなされた歴史もある（日本臨床心理学会編，1979）。

　クライエントの自助と自立の促進に役立つよう，アセスメントとしての「見立て」の内容を秘匿したり一方的に伝えるのではなく，クライエントと確認してゆくプロセスが非常に重要であり，それ自体が援助の一環となっていくのである。

》 注

注1）表記としては「投影法」または「投映法」のいずれかが用いられる。前者は英語の projective methods の訳であり，古くは「投射法」と訳されていた。いっぽう後者はフロイトの防衛機制の一つである「投影」と区別するために「投映法」という表現を使用している。ここでは両者に配慮する形で投影(映)法と表記する。

注2）テキストによっては《実のなる木を1本描いてください》あるいは《木の絵を描いてください》と書かれているが，コッホの原著に最も近いのは本文に示したものであると考えられる（Koch, 1957　訳書）。

引用文献

阿部惠一郎（2014）．バウムテストの読み方．金剛出版．

Brammer, L. M. & MacDonald, G.（2003）．*The Helping Relationship: Process and Skills*（8th ed.）．Pearson Education．堀越勝（監訳）（2011）．対人援助のプロセスとスキル．金子書房．

Exner, J. E., Jr.（2003）．*The Rorschach: A Comprehensive System Volume 1 Basic Foundations and Principles of Interpretation*（4th ed.）．Hoboken, NJ: Wiley and Sons．中村紀子・野田昌道（監訳）（2009）．ロールシャッハ・テスト 包括システムの基礎と解釈の原理．金剛出版．

FFPQ 研究会（2002）．改訂 FFPQ（5因子性格検査）マニュアル．北大路書房．

生熊讓二・稲松信雄（2001）．文章完成法（Sentence Completion Test：SCT）．上里一郎監修，心理アセスメントハンドブック（第2版），pp. 232-246．西村書店．

Koch, K.（1957）．*Der Baumtest: DerBaumzeichenversuch als psychologisches Hilfsmittel* [3 aulf.]．Bern, Switzerland: Verlag Hans Huber．岸本寛史・中島ナオミ・宮崎忠男（訳）（2011）．バウムテスト［第3版］心理的見立ての補助手段としてのバウム画研究．誠信書房．

小海宏之（2015）．神経心理学的アセスメント・ハンドブック．金剛出版．

Kuhn, M. H. & McPartland, T. S.（1954）．An empirical investigation of self attitudes．*American Sociological Review, 19*, 68-76.

小林哲夫（1990）．文章完成法（SCT-B）の新しい試み．心理学研究，*61*（5），347-350.

Meyer, G. J., Viglione, D. J., Mihura, J. L., Erard, R. E., & Erdberg, P.（2011）．*A Rorschach Performance Assessment System: Administration, Coding, Interpretation, and Technical Manual*．Rorschach Performance Assessment System LLC．高橋依子（監訳）（2014）．ロールシャッハ・アセスメントシステム 実施，コーディング，解釈の手引き．金剛出版．

日本臨床 MMPI 研究会（編）（2011）．わかりやすい MMPI ハンドブック．金剛出版．

日本臨床心理学会編（1979）．心理テスト・その虚構と現実．現代書館．

佐野勝男・槇田仁（1972）．精研式文章完成法テスト解説（新訂版）．金子書房．

佐藤忠司（1993）．ベンダー・ゲシュタルト検査．岡堂哲夫編，増補新版 心理検

査学, pp. 141 156. 垣内出版.

下仲順子・中里克治・権藤恭之・高山緑 (1998). 日本版 NEO-PI-R の作成とその因子的妥当性の検討. 性格心理学研究, *6* (2), 138-147.

杉下守弘 (2001). 神経心理学的アセスメント. 上里一郎監修, 心理アセスメントハンドブック (第 2 版), pp. 503-505. 西村書店.

杉下守弘・小俣文子 (2001). WAB 失語症検査. 上里一郎監修, 心理アセスメントハンドブック (第 2 版), pp. 506-515. 西村書店.

杉下守弘・腰塚洋介・須藤慎治ほか (2018). MMSE-J (精神状態短時間検査—日本版) 原法の妥当性と信頼性. 認知神経科学, *18* (2), 91-110.

鈴木睦夫 (1997). TAT の世界　物語分析の実際. 誠信書房.

高橋省己 (1969). ハンドブック　ベンダー・ゲシュタルト・テスト (増補版). 三京房.

田中富士夫 (1998). MMPI (ミネソタ多面人格目録). 詫間武俊ほか (監修). 性格心理学ハンドブック, pp. 989-990. 福村出版.

東京大学医学部心療内科 TEG 研究会 (編) (2016). 新版 TEG II 解説とエゴグラム・パターン. 金子書房.

辻悟 (1997). ロールシャッハ検査法. 金子書房.

VandenBos, G. R. (ed.) (2007). *APA Dictionary of Psychology.* Washington, DC : American Psychological Association.　繁桝算男・西本裕子 (監訳) (2013). APA 心理学大辞典. 培風館.

山本和郎 (1992). TAT かかわり分析. 東京大学出版会.

5 │ 心理療法1―フロイト派のアプローチ―

倉光　修

《目標とポイント》　この章では，精神分析を創始したフロイトの理論と実践
について略述する。フロイトの最大の業績は，神経症症状の背景には無意識
の世界に抑圧された性的なトラウマ（心の傷：心的外傷）や願望が潜在して
おり，それが心理的苦痛や不快な感情を伴って意識化されるときに症状が消
失・軽減するという知見を得て，それにもとづいて彼が「精神分析」と呼ぶ
理論と実践を広めていったことであろう。本章では，そのような認識をもた
らした事例を紹介し，また，フロイト以後の精神分析の発展についても略述
する。
　なお，放送教材ではわが国の精神分析家として高名な松木邦裕先生をゲス
トにお迎えして，お話を伺う。
《キーワード》　ヒステリー，トラウマ，催眠，無意識，精神分析，防衛機制，
心の構造，精神・性的発達段階，転移，解釈

1. フロイトの生涯

　ジークムント^{注1）}・フロイト（Freud, S.）は，1856年，現在，チェコ
共和国にあるフライベルクという町にユダヤ人の子として生まれた。父
親ヤーコブはフロイトが生まれたとき40歳，母親のアマリアは20歳で，
ヤーコブの3人目の妻だった。フロイトは幼い頃，歳の離れた次兄を父
のように，父を祖父のように感じていたという。幼い頃，若く美しい母
親に憧れ，ユダヤ人への迫害を甘受する父親に反発を感じていたことは，
後述する「エディプス・コンプレックス」^{注2）}の発想に影響を与えたよ

うに思われる。

　フロイト一家は彼が3歳のときにウィーンに転居し，フロイトは晩年までその町で暮らすことになる。彼は17歳でウィーン大学医学部に入学し，生理学者ブリュッケ（Brücke, E. W.）の研究室に所属した。当時，フロイトはダーウィンの進化論に共鳴し，「生物に関わる現象は何もかも物理の法則に還元できるという考えが，その心にしっかり根づいていた」という（Muckenhoupt, 1997　訳書　p.22）。おそらく，科学者としてのアイデンティティがこの頃から確立しつつあったのだろう。

　ブリュッケのもとで研究に没頭したフロイトは神経学者の道も志したが，経済的事情もあって，1882年にはウィーン総合病院で研修医として働き始めた。そのころ，友人にコカインを投与し，中毒にしてしまったこともあった（小此木，1973）が，勤勉に働いて奨学金を得，1885年には催眠術で高名だったパリのサルペトリエール病院のシャルコー（Charcot, J. M.）のもとに留学した。当時はヒステリー[注3]患者が数多くいたが，彼はその症状が催眠状態と関連があることを先輩のブロイアー（Breuer, J.）から聞いていたようである。フロイトは，また，1889年にはフランスのナンシーで活躍していたベルネーム（Bernheim, H.）からも催眠術を学ぶ機会を得た。しかし，彼自身は後に催眠法をやめて「自由連想法」（後述）を行うようになり，その実践から無意識についての理論と神経症の治療技法を統合した「精神分析」を確立していった。この過程では，患者の分析だけでなく，友人フリースに宛てた284通もの手紙の中で深められた自己分析も素材になっている。

　ちなみに，催眠による心理療法は，古くはシャーマニズムでも行われていたし，18世紀にはメスメル（Mesmer, F. A.）が「動物磁気」という架空の力を想定して行った治療法でも用いられていた[注4]。また，後述するアンナ・Oのように自分から催眠状態に入ってしまうケースも知

られていた。このような状況だったので，ジャネ（Janet, P.）は「神経症が心的外傷に起因することを明らかにし，この原因論にもとづいて神経症をカタルシス[注5]的に治癒させうるという発見は，自分が先になしたものであると主張した」という（Ellenberger, 1970. 訳書　上　p.400）。しかし，フロイトによる精神分析の理論と技法が当時の人々にかなりのインパクトを与えたことは事実である。

　先に述べたようにフロイトはユダヤ人であり，そのことが彼の思索や活動に与えた影響は大きい。ヨーロッパでは，1930年代にユダヤ人に対する迫害が激しくなっていった。ナチスによるフロイトの著書の焼却や家宅捜索などもあり，1938年，フロイトはとうとうイギリスに亡命せざるを得なくなった。彼は娘のアンナ・フロイト（Freud, A.）と共にロンドンに移り，翌年，そこで死去した。享年，83歳であった。

2. ヒステリー研究

　フロイトが精神分析の理論と技法を確立していく基礎となる事例研究としては，1895年に出版されたブロイアーとの共著，『ヒステリー研究』がよく知られている。ここでは，そのなかで記載されている 4 事例のうち，ブロイアーが担当したアンナ・O と，フロイトが担当したエリザベート・フォン・R について，『ヒステリー研究』の訳書（懸田・小此木，1974）を元に，少し解説しよう。

（1）アンナ・O

　アンナは，1880年，21歳のとき，ヒステリー性の視覚障害，咳，意識障害，手足のマヒ，幻視などのため，ブロイアーの治療を受けることになる。これらの症状には，父親の発病と死が深く関わっている。彼女は

父親の看護に専心し，その過程で発症し，父親の死後2日間は混迷に陥ったほどであった。

アンナの治療では，特筆すべきことがある。それは，諸症状が特定の不快体験を契機として出現し，しかも，その症状はアンナがその不快感をブロイアーに語ることによって軽減していたという事実である。アンナの言う"talking cure"ないし「煙突掃除」が生じていたのである。たとえば，次のような有名なエピソードがある。

……彼女は夏の暑い時期に，突然，水を飲むことができなくなり，6週間も果物だけで水分を取っていた。しかし，アンナが自分から（催眠術などで誘導されないのに）催眠状態に入り，大嫌いな使用人の犬がコップから水を飲んでいたことを思いだし，ブロイアーに対して「あらゆる厭悪の表情を示しながら」「ずっとわだかまっていた憤懣を思う存分に吐露」すると，その直後にヒステリー症状が消失した。彼女は水が飲みたいと希望し，何の抑制もなしに大量の水を飲み，唇にコップを当てたままで催眠から覚めたのである。これで，その障害は永久に消滅してしまった」（訳書A　p.166）のである。

同様のことが，他にも起こっていた。彼女はひどい咳に悩まされていたが，それは，父親の看病中に隣家からダンス音楽が流れてくるのを聞き，『ああ，あそこに行ってみたい』と（自責の念に駆られながらも）思った時からだった。このケースでも，症状は「最初の誘因を物語った後には消滅した」のである（訳書A　p.171）。

アンナ（本名，ベルタ・パッペンハイム）は，ブロイアーとの治療が終了した後，想像妊娠の徴候を示したりしてサナトリウムに入退院をくり返すが，1880年代の終わり頃にはすっかり健康を回復したようで，慈善事業や婦人運動などで活躍して著名人になった。エレンベルガー（Ellenberger, H. F.）は，アーネスト・ジョーンズ（Jones, E.）がアン

ナの本名を暴露しなければ，アンナとベルタが「同一人物であることを発見する者はたぶん永久に一人も出なかっただろう」と述べている（Ellenberger 訳書　p. 75）。彼女はそれほど鮮やかに症状を克服したのである。

（2）エリザベート[注6]・フォン・R

　エリザベートは，初診時24歳で，その 2 年前からヒステリー性の足の疼痛と歩行困難に苦しんでいた。彼女は，3 人姉妹の末娘で，姉たちと違って男性的な性格であったため，将来の結婚が危ぶまれたという。母親はエリザベートが幼少時から目が悪く病弱で，父親も彼女の初診時の数年前に心臓病で病床に伏し，エリザベートの献身的看護にもかかわらず発病の 1 年半後に死去した。父の死後しばらくして長姉が結婚した。長姉の夫は母親への配慮が欠けていたので，エリザベートは反発を覚えたという。ついで次姉が結婚した。彼女の夫は母親にも優しかった。しばらくして母親は目の手術をしたが，それが成功したので，母親とエリザベート，長姉夫妻，次姉夫妻の 3 組の家族は避暑地で落ち合うことになった。このときから，エリザベートは激しい疼痛と歩行困難に苦しむようになった。それからしばらくして次姉が心臓病で亡くなった。

　これらの回想や告白によって症状が軽減することはなかったが，フロイトが前額法（頭を押さえて回想を促す方法）を試みたところ，彼女は次のような話をした。ある夜，エリザベートは夜会に出かけ，好意を抱いた青年と会って楽しいひとときを過ごしたが，帰宅すると父の病状が悪化していた。彼女はひどく罪悪感を覚えた。そのとき，初めて疼痛が生じていたのであった。しばらくして，エリザベートはひどい疼痛が生じていた右大腿部は，父の足の包帯を取り替えるために父の脚を乗せたところだったと述べた。そして，この話をした後，脚の痛みが消失した。

　しかし，エリザベートには歩行困難という症状が残っていた。この点について回想を探っていくと，印象的な出来事が語られた。実は，彼女の歩行障害が，例の避暑地でたまたま次姉の夫と散歩して帰宅したときにひどくなっていたのである。

　しばらくして，このケースにおける決定的な事実が語られる。それは，次姉が亡くなって横たわっているのを見たとき，彼女の脳裏に『私は義兄の奥さんになることができるんだ』という考えが「稲妻のように」浮かんだという告白である（訳書A　p.129）。

　それを聞いて，フロイトは「あなたは前から義兄の方に恋をしていたのです」と告げた。エリザベートは叫び声を上げ，その解釈を否定し，激しい痛みを訴えた。フロイトは「誰も感情に対して責任を負うことはできない」と話し，彼女がいつも道徳的であったことを強調して，彼女を慰めようとした。フロイトはエリザベートの母親にも彼女に説諭してくれるよう頼んだ。母親は驚いたことにエリザベートの恋心に気づいており，エリザベートを慰めようとしたが，彼女の疼痛はかえって激化してしまった。しかし，その後しばらくして，フロイトはある舞踏会でエリザベートが「速いテンポでさっと前を踊りすぎていく」のを見た。彼女は治癒したのだ。後に彼女は「外国人と自由な愛情から結婚生活にはいった」という（訳書A　p.132）。

　紙数の関係で詳述できないが，他にもフロイトはいくつかの有名な症例を記述している。たとえば，ルーシー・Rは幻臭に悩まされていたが，フロイトがそれは彼女の雇用主への想いを反映していると解釈すると症状から解放された。また，18歳になるカタリーナは呼吸困難や不安発作に苦しんでいたが，発作時に見える恐い顔は彼女に性的接触をした父親の顔であった。ドラと名づけられた18歳の少女は，神経性の咳などに悩まされていたが，フロイトが，K夫人が父親に性的行為をしているシー

ンをドラが回想しているのではないかと解釈すると，咳が消失した。

　フロイトは神経症の症状と性的願望を他のケースでも結びつけようと
した。「鼠男　rat man」と名づけられた男性は，父親が（既に亡くな
っているのに）肛門に鼠がかじりつく刑を科されるのではないかと恐れ
ていたが，フロイトはそこに同性愛的願望を見出した。「狼男　wolf
man」と名づけられた男性は，四歳の誕生日（クリスマスの前日）に先
だって，寝室の窓の外の胡桃の木に何匹も白い狼がいて自分を食べよう
としているという夢をみて狼恐怖症になるのだが，フロイトは患者のさ
まざまな連想から，この胡桃の木はクリスマスツリーであり，狼は父親
がそこに飾り付けたプレゼントすなわち父親そのものであって，彼は父
親を恐れていたのだと解釈した。そして，狼の白い色を父親が母親と性
行為をしているときの着衣と関連づけ，彼は母親のように愛されたかっ
たのだとも解釈している。

　このようなアプローチが奏功したと思われたので，フロイトは無意識
に抑圧された心的外傷や性的な願望を患者と共に明らかにしていくこと
によって神経症が治癒すると確信した（外傷体験は実際に起こった出来
事とは異なる場合があるが，そのような無意識的空想＝心的現実が症状
の原因であり，それを意識化することで症状が緩和・消失することは確
かだと思った）ようである。

　けれども，多くのセラピストの臨床実践に即して言えば，神経症を引
き起こす潜在的葛藤は性的なものだけではない。このことは（PTSD な
どをとりあげるまでもなく）明らかである。ブロイアーやユングがフロ
イトから離反した最大の理由は，フロイトがこうしたドグマティックな
主張をしたことにあったと思われる。心の世界の真実は物質科学のよう
には確認できないが，フロイトの解釈がときに強引すぎるという印象を
得た人も多かったであろう。

3. 精神分析理論と技法の確立

　フロイトは，『ヒステリー研究』を出版した後には催眠による治療を
やめて，もっぱら「自由連想法」を用いるようになった。すなわち，患
者は寝椅子に横たわり，頭の後方に座るセラピストに心の中に浮かんで
くることをすべてありのままに話し，セラピストはそれを通して過去の
トラウマ（外傷体験）や無意識的願望を解釈してクライエントに伝える
のである[注7]。トラウマの回想や性的願望の認知は苦痛を伴う。それゆ
え，解釈には「抵抗」が生じ，意識化を妨げるさまざまの「防衛機制」
が働くとされる。

　精神分析では，また，「転移」という現象が非常に重視されている。
これは，両親など重要な人のイメージがセラピストに重ねられる現象を
言うが，セラピストが気づかぬ間にそれに対応する感情を抱く（逆転移）
こともしばしば生じる。こうした力動を一貫して解釈しクライエントに
伝えることがセラピストの主な仕事になる。

　フロイトはこうした考えを踏まえて精神分析理論を確立した。彼は，
心の構造をイメージし，自我（エゴ）は，深層の無意識的な衝動と，そ
れ（イド：エス）が露わに顕現することを半ば無意識的に抑制する超自
我（スーパーエゴ）との間で，適応的行動を見出す機能を持つと捉え
た。

　また，彼は精神発達過程を性的成熟と結びつけて段階的に捉えようと
した。すなわち，乳児期は口を通じて世界（とりわけ母親）とつながろ
うとするので「口唇期」，２歳くらいからはトイレットトレーニングな
どでコントロール機能を高めるので「肛門期」，３歳から５歳くらいの
幼児期は，両親と自分の性に関心が向くので「エディプス期」，少年の
ころは性的な関心が一時表面化しなくなるように見えるので「潜在期」，

そして成人になると性的欲求を適切な方法で満たすので「性器期」とした
のである。彼は，このような精神・性的発達段階（psychosexual
development）を設定し，神経症の発症や治療においてこれらの段階へ
の退行や固着を見出した。

4. フロイト以後の精神分析

フロイトは自分の仕事は科学であると強弁した[注8）]が，彼の理論は，
今日の物質科学で重視されるような普遍性・論理性・客観性を備えてい
ない。しかし，彼の技法と理論はある程度の説得力をもち，多くの研究
者や実践家の関心を集めてきた。ただし，精神分析学会に入った後に，
そのドグマを受け入れられず，離反した人も少なくない。次章でとりあ
げるユング（Jung, C. G.）は個人的体験を超える「普遍的（集合的）無
意識」を想定して「分析心理学」を創始し，アドラー（Adler, A.）は，
劣等感を克服して優越感を味わおうとする「権力への意志」が重要であ
ることを強調して「個人心理学」を創始して，それぞれフロイトから離
れていった。

精神分析の潮流は，その後もさまざまな形で分岐し，あるいは統合さ
れ，今日に至っている。ここでは，それらを齋藤（2017）に照らして次
の5つに整理して述べよう。

（1）自我心理学派

フロイトの娘，アンナ・フロイト（Freud, A.）は父親から訓練を受
けて精神分析家になった。彼女は自我の防衛機制を整理したことと児童
分析を始めたことでよく知られている。

防衛機制の例としては，**抑圧**（不快を引き起こす体験を無意識の領域

に封じ込めること）, **否認**（自分の思考や感情について他者から指摘されても, そんなことはないと否定すること）, **反動形成**（内心の感情や思いと正反対の言動をすること）, **置き換え**（感情を向ける対象を別のものにすること。いわゆる「八つ当たり」的反応）, **知性化**（体験したことやその影響を感情を表わさず冷静に述べること）, **取り入れ**（外界にあるものを自分のものにしてしまうこと）, **投影**（内界にあるイメージを外界の対象に重ねること。空腹時に雲がパンに見える現象など）, **同一化**（自他の境界を曖昧にして他者に自分の理想を見たりすること。スポーツ観戦などでよく生じる）などがあげられる。さらに, 潜在的願望や葛藤を芸術作品や学問的主張など社会的に認められる形で表出することも一つの防衛であり, **昇華**と呼ばれる。

　子どもに対する心理療法としてよく用いられるプレイセラピー（遊戯療法）では, アンナ・フロイトと後述するメラニー・クライン（Klein, M.）の論争が有名である。A. フロイトは子どもには転移が生じず, 環境に働きかけてサポートしていくことが大切だとしたが, クラインは子どもの遊びでも転移が生じるので, それを解釈し洞察を促すことが可能だとした。また, A. フロイトは子どもがセラピストに向ける肯定的感情を重視したけれども, クラインは否定的感情のほうをより鮮明に捉えようとした。両者の対立はしばらく続いたが後に緩和された。また, 両者の中間派ないし独立派は, 両者の対立以前から活動している。たとえば, ウィニコット（Winnicott, D.）は, 子どもをホールディング（holding 抱っこ）するような態度が心理療法においても大切であると主張した。

　A. フロイトの考えは, スピッツ（Spits, R. A.）, ボールビー（Bowlby, J. M.）, マーラー（Mahler, M. S.）, スターン（Stern, D. N.）らに受け継がれる。スピッツは, 乳児は施設などで母性的ケアが受けられない状態が続くと衰弱し, ときには死に至ることを見出し, それを「ホスピタ

リズム（施設病）」と呼んだ。ボールビーは乳幼児が母親の元で安定し，次第に安心できる人物のイメージ（内的ワーキングモデル）を確立し，それを支えにして母親から離れて「一人でいられる能力（capacity to be alone）」が育っていくとした。彼の考えは愛着理論（attachment theory）としてよく知られている。後にエインズワース（Ainsworth, M.）らが確かめたように，幼児期に安定した愛着が形成できるかどうかは，成人してからの対人関係にも影響するようである。マーラーは，乳児は母親から「分離・個体化」していくが，それ以前には「正常な自閉期」「正常な共生期」があるとした。スターンは，この理論を否定し，4種類の主観的な「自己感　sense of self」，すなわち，新生自己感・中核自己感・主観的自己感・言語自己感が発達していくと捉えた（森, 2017）。

　また，エリクソン（Erikson, E. H.）がフロイトの精神・性的発達理論よりも視野を広げて，8段階の心理社会的発達段階を提示したこともよく知られている。それぞれの段階では達成されるべき心理的課題とそれが達成されない場合の危機が対になって示され，前者が後者を凌駕して強くなれたときに，次の段階に進めるとされる。すなわち，口唇期の【基本的信頼 vs 不信】，肛門期の【自律性 vs 恥・疑惑】，エディプス期の【自主性 vs 罪悪感】，少年期の【勤勉性 vs 劣等感】，青年期の【アイデンティティの確立 vs アイデンティティの拡散】，成人期になって結婚や就職を達成する【親密 vs 孤立】，その後，次世代を育てていくときの【生殖性 vs 停滞】，そして，老人期の【統合 vs 絶望】である。これらに加えて，妻のジョアン（Erikson, J.）は老衰期の【捕まえておく vs 手放す】という課題を提起し，第9段階とした。ただし，これらの発達課題はそれぞれの時期に前面に出ることが多いだけであって，誰もがある年齢で一定の課題にのみ直面するわけではない。

（2） 対人関係学派

　フロイト以後の精神分析家のひとつの流れは，対人関係学派またはネオ・フロイディアンである。このグループには，フロイトの理論を男性中心主義だと批判したホーナイ（Horney, K.），『自由からの逃走』で有名なフロム（Fromm, E.），「精神医学は対人関係論である」であると看破したサリバン（Sullivan, H. S.）などがいる。彼らは，精神分析の視野を個人の内界から周囲の社会にまで広げたと言えよう。

（3） 対象関係論

　メラニー・クラインは，心の中の他者イメージ（内的対象）を重視し，「対象関係論」を確立した分析家として有名である。彼女は自身の体験も踏まえて乳児の攻撃性について透徹した知見を提示した。すなわち，乳児は世界を認識するとき，はじめは各部分を切り離し（スプリッティング　splitting），たとえば，良い乳房・悪い乳房，良い母親・悪い母親，良い自分・悪い自分をあたかも別の対象のように捉えるが，やがて，各部分は統合され全体として把握されるようになると考えた。この過程は，妄想—分裂ポジション（paranoid-schizoid position）から抑うつポジション（depressive position）への移行としても捉えられる。

　対象関係論の流れでは，人生早期の信頼関係が形成できない場合は「基底欠損」が生じるとしたバリント（Balint, M.），乳児期に母親から「ホールディング」されるような体験をすることが心理療法においても重要だとしたウィニコット，乳児の苦痛を母親が「コンテイナー」（器）として受け止め，乳児が消化しやすい形でフィードバックすることが重要だとしたビオン（Bion, W. R.）などが著名である。さらに，青年期の境界例[注9]の理解を深めたマスターソン（Masterson, J. F.）や境界性パーソナリティの構造を見出したカーンバーグ（Kernberg, O.）などもク

ラインの影響を強く受けている。

（4）自己心理学と関係論

　自我心理学のA．フロイトやハルトマン（Hartmann, H.）と交流した後に「自己心理学」の分野を切り拓いたのはコフート（Kohut, H.）である。フロイトは，原初的な自体愛（autoerotism）が対象愛（object-love）へと成熟せず，自身に向いてしまう病的な状態を自己愛（ナルシシズム　narssicism）と捉えたが，コフートはこのような捉え方に対して「正常な自己愛」も発達するとした。彼によれば，自己愛が病的になると尊大な人格になり他者を愛せなくなるが，母親の共感や肯定的フィードバックによって健康な自己愛が育まれると自尊心や野心が育まれ，子どもは理想的な（親）イメージに近づこうとして発達していくという。「自分を愛せない者は他者も愛せない」というのは，たしかに，一抹の真実であろう。

　コフートの流れを受けて，「関係論」の立場でパーソナリティの発達を捉える人々も増えている。彼らは主観的相互作用によって「私」という意識が成立していくとし，心理療法においてもこうした「間主観性」を基盤として主体感覚が育まれる過程を重視している。このグループには，グリーンバーグ（Greenberg, J.），ストロロウ（Stolorow, R. D.），オグデン（Ogden, T. H.）らがいる。

　また，フランスのラカン（Lacan, J.）は構造主義的立場から「フロイトに帰れ」と主張した。彼は，乳幼児の内的世界が，鏡像によって自己を認識し始める「鏡像段階」を経て，現実界・象徴界・想像界へと豊かに展開していく過程を鮮明に描写した。

5. 日本の精神分析家

　わが国に精神分析を導入した初期の人としては，フロイトに直接教え
を受け，エディプスと対照的な仏教の物語を踏まえて，「阿闍世コンプ
レックス」を論じた古澤平作が有名である。その後も，精神分析を学び
実践してきた精神科医や臨床心理士は数多いが，日本人の心性に照らし
て『「甘え」の構造』を著した土居健郎，『フロイト』という著書で彼の
人間像を描いた小此木啓吾，心の構造をわかりやすく図示した前田重治，
広く精神療法の「コツ」を伝授した神田橋條治，子どもに対して温かい
まなざしを注いだ小倉清，「見るなの禁止」について語った北山修，境
界性人格障害や強迫性障害のある人々に優しく接した成田善弘，精神分
析的人格理論を提起した馬場禮子，「不在の対象」について論じた松木
邦裕，そのほか，妙木浩之，岡野憲一郎，乾 吉佑，森野礼一，伊藤良子，
平井正三などをあげることができる。

　フロイトが創始した精神分析はこのようにさまざまな思索と実践を生
み出す端緒として，現代でも多くの人々に刺激や示唆を与え続けている。
関心を抱かれた方は，是非，彼らの著書や論文を読んだり，セミナーや
シンポジウムなどの場に足を運んだりしていただきたい。

》 注

注1）幼名はジギズムントであったが，大学に入学した頃，ジークムントに改名し
　　た。

注2）ギリシャ神話の登場人物，エディプスになぞらえてフロイトが提示した概念。
　　エディプスは（父とは知らずに）父を殺し，（母とは知らずに）母と結婚した
　　のだが，フロイトは，男性の神経症者には父を憎み母と結ばれたいという無意
　　識的願望があり，それが罪悪感や去勢不安を引き起こすため，その意識化を阻
　　もうとして症状が顕現すると考えた。フロイトは友人フリースとの往復書簡や

　自己分析から，自分が両親に対してそうした葛藤を抱いていたことを認めた。女性の場合は両親への思いが逆になる「エレクトラ・コンプレックス」という概念も生まれた。

　なお，初めて「コンプレックス」という言葉を，「感情に色どられた心的複合体」という意味で専門用語として用いたのはユング（Jung, C. G.）である。また，ユング同様，フロイトと袂を分かったアドラー（Adler, A）は「劣等感コンプレックス」を重視した。その影響もあって今日，我が国では，「コンプレックス」がしばしば「劣等感」と同義に捉えられる。

注3）神経症の一つのタイプ。心因性の感覚マヒや運動マヒ，疼痛や意識消失が生じる。女性に多いので「子宮」を語源にするこの名がつけられた。

注4）現代でも，催眠を駆使したミルトン・エリクソン（Erickson, M.）や，催眠にヒントを得て動作法を開発した成瀬悟策らが，我が国ではよく知られている。

注5）カタルシスとは不快な感情体験を吐露することによって，すっきりした気持ちになること（浄化）である。それによって症状が消える場合は，「除反応」とも言う。

注6）懸田・小此木訳の『ヒステリー研究』では，「エリーザベト」とされているが，本書では一般的な記載である「エリザベート」を採用した。

注7）精神分析では，セラピストが心の中で解釈したことをクライエントに言葉で伝えることを「解釈する」と言う。

注8）BBCによる生前のインタビュー（http://www.noisemademedoit.com/recording-sigmund-freud）でも，フロイトは自分の発見が「科学」であることを強調している。

注9）「境界例（borderline case）」は「境界性パーソナリティ障害（borderline personality disorder）」とほぼ同義である。多様な神経症症状と共に，一時的に（あるいは特定の対人関係において）精神病的な徴候を示す。深刻な孤独感に苛まれ，自傷行為や自殺企図などがよく生じる。

文献

Ellenberger, H. F. (1970). *The discovery of the unconscious: The history and evolution of dynamic psychiatry.* 木村敏・中井久夫（監訳）(1980). 無意識の発

　見（上・下）—力動精神医学発達史. 弘文堂.

Freud, S. & Breuer, J.（1995）. *Studien über Hysterie*.　懸田克躬・小此木啓吾（訳）（1974）. フロイト著作集 7　ヒステリー研究他. 人文書院.

Jones, E.（1953-1957）. *Sigmund Freud: Life and work*（3 vols.）.　竹友安彦・藤井治彦（訳）（1969）. フロイトの生涯. 紀伊國屋書店.

前田重治（2008）. 図説　精神分析を学ぶ. 誠信書房.

前田重治（2014）. 新図説　精神分析的面接入門. 誠信書房.

松木邦裕（2016）. こころに出会う—臨床精神分析　その学びと学び方. 創元社.

Muckenhoupt, M.（1997）. *Sigmund Freud*. Gingerich, O.（編）林大（訳）（2008）. フロイト—無意識の世界への探検. 大月書店.

森さち子（2017）. 精神分析における心の発達論. 大場登・森さち子（2017）. 精神分析とユング心理学. 放送大学教育振興会. pp.52-70.

成瀬悟策（2000）. 動作療法—まったく新しい心理治療の理論と方法. 誠信書房.

小此木啓吾（1973）. フロイト—その自我の軌跡. NHK ブックス.

齋籐高雅（2017）. 心理療法 1　精神分析と精神分析的心理療法. 小川俊樹・倉光修（編）. 臨床心理学特論. 放送大学教育振興会. pp.361-378.

Zeig, J. K.（1985）. *Teaching Seminar with Milton H. Erickson*.　成瀬悟策・宮田敬一（訳）（1995）. ミルトン・エリクソンの心理療法セミナー. 星和書店.

6 | 心理療法2 ―ユング派のアプローチ―

倉光　修

《目標とポイント》　この章では，フロイトの後継者と見なされながらも，やがて袂を分かったユングの理論とアプローチについて解説する。
　フロイトとユングを比較すると，フロイトは，もっぱら神経症を対象とし，その原因を個人史の中で意識下に抑圧された性的願望やトラウマに見出そうとしたが，ユングは神経症の原因は性的葛藤だけではないことを主張し，また，精神病者も視野に入れ，すべての人間の心の深層に「普遍的（集合的）無意識[注1]」を想定して，そこから自律的に浮かび上がるイメージを心理療法にも活かそうとした。また，フロイトは自身の仕事を「科学」であると強弁したが，ドグマティックな教義を流布させようとしたところは，いわば「教祖」に近く，一方，ユングは神秘主義者とされることもあるが，宗教的体験も含めて心的現象をありのままに，いわば客観的に捉えようとした点では，「科学者」としての節度を保ったと言えるかもしれない。
　なお，放送教材ではユング派のセラピストとして著名な老松克博先生にとくにアクティヴ・イマジネーションについてお話しいただく。
《キーワード》　分析心理学，普遍的（集合的）無意識，元型，コンプレックス，シンクロニシティ，夢分析，箱庭療法

1. ユングの幼児期

　フロイト同様，ユングの理論は彼の生活史から影響を受けている。ここでは，主に自伝を参考にして，その関連を捉えてみよう。（以下，訳書『ユング自伝1』からの引用は，（1：○○），『ユング自伝2』からの引用は，（2：○○）と記した。○○はページ数）

　カール・グスタフ・ユング（Jung, C. G.）は，1875年，スイスのケスヴィルという町で生まれた。父親は牧師であったが，ユングからすると真に宗教的体験をしていないように見えたので，彼は父に対して憐れみさえ感じたようである。一方，母親は「人づきあいがよく，陽気だった」が「無意識的な人格が突如として姿を現した」という（1：78〜79）。たとえば，近所の子を叩いたユングをひどく叱っておいて，そのあとで，その子について「もちろん子どもをあんな風に育てちゃいけない」と不意に大声で叫ぶ（1：80）といった二面性を持っていたのである。

　ユングもまた幼少期から「いつも自分が二人の人物であることを知っていた」（1：73）。後期の概念に照らせばNo.1（第1人格）は意識の中心である「自我」であり，No.2（第2人格）は「自己」に相当するだろう。彼は，『自伝1』の冒頭（1：17）で，自分の人生は「無意識の自己実現の物語」であったと述べ，『自伝2』の巻末には「私は自分の知らない何者かの基礎の上に存在している」（2：218）と記している。ユングは，生涯にわたって，自我（私：意識）は自己（知り得ない者：普遍的無意識　collective unconscious）によって生み出されるのだと実感し続けたと言ってもよいかもしれない。

　ユングは幼少期に，後々まで大切な秘密とされた2つの体験をしている。「地下のファルロスの夢」と「手製の人形と石」である。前者は彼がまだ3歳の時に見たものである。夢の中でユングは牧場にある穴の中に降りていく。すると，その底には，赤い絨毯の敷いてある大きな部屋があり，奥の方に黄金の玉座があった。そしてその上に木の幹のような何かが立っていた。

　……「それは，皮と裸の肉でできていて，てっぺんには顔も髪もないまんまるの頭に似た何かがあり，頭のてっぺんには目が一つあって，じっと動かずにまっすぐ上を見つめていた。（中略）私は恐くて動けなか

った。そのとき，外から私の上に母の声がきこえた。母は「そう，よく見てごらん，あれが人喰いですよ」と叫んだ……（1：29）。

　この叫びは，母親の第2人格の声であろう。彼女は幼いユングに「やさしい主イエスさま……あなたのひな，あなたの子どもを取って下さい」というフレーズを含む祈りの言葉を教えていた。このようなことが契機になって，ユングの心の中に「神は地下の死の国で子どもを食べる存在である」というイメージが浮かんだのであろう。ユングはまた，12歳の頃，天上の神が大聖堂に大量の排泄物を落として破壊するヴィジョンをみている。このような体験によって，ユングの心の中には，神は善（慈愛）であるだけでなく悪（破壊者）の側面も持った存在であるという確信が次第に育まれていったように思われる。このような神のイメージはキリスト教では異端とされていたが，太古の昔には，いくつもの宗派で見られた[注2]。

　幼いユングにとってもう一つの秘密だった「人形と石」というのは，小学生の頃，定規を刻んで作った小さな黒い人形と，ライン川から取ってきた「つるつるした長い楕円形の黒っぽい石」のことである。彼はこの石の「上半分と下半分とを絵の具で塗り分け」ていた（1：40-41）。そして人形と石（と巻紙）を入れた筆箱を屋根裏部屋に隠し，苦しいときなどには，幾度となくそれを見に行った。

　ユングはこの体験を誰にも明かさない秘密にしていたが，35歳の頃，ある本に「たましいの石の隠し場やオーストラリアのチュリンガ[注3]」について書かれているのを見て驚く。その石も「長楕円形で黒っぽく，上半分と下半分に塗り分けられていた」のである（1：43）。

　このような体験は，後のユングの思想に決定的な影響を与えたように思われる。すなわち心の深層の「普遍的無意識」を通して人々がつながっているという確信である。

2. 少年期・学生期

　次に，ユングが12歳の頃，神経症症状を呈したエピソードを記しておこう。彼は，ある日，近隣の子どもから突き倒されて頭を打ち，失神しそうになったのだが，そのとき『もうお前は学校に行かなくてよい』という考えが心の中に浮かんだ。そして，彼は「厳密に必要なよりは少し長い間，横になっていた」のである。その事件が起こってから，しばらくの間，学校の帰り道とか親が宿題をさせようとするときにはいつでも発作が起こるようになり，結局，ユングは，半年以上，不登校になった。しかし，ある日，父親が友人にユングの将来を案じていると話しているのを聞いて，ユングはショックを受ける。そして，もう，「発作なんか起こすもんか」と決意し，努力の末に症状を克服した。彼は，「神経症とは何かを教わったのはその時だった」^{注4)}と述べている（1：55）。

　1895年，ユングは，ギムナジウムを終えてバーゼル大学医学部に進学する。ユングはこのころ，霊の存在に関心を示している。1898年の夏，堅い木のテーブルが突然，ピストルを撃ったような音がして裂け，その2週間後に今度は戸棚に置いてあったパンナイフがまた大きな音と共に粉々に割れた（1：58）。いずれも，非常に不自然な割れ方であったこともあって，彼は，これらは霊的現象かもしれないと考えた。彼は降霊術の会に行って（母方のいとこの一人は霊媒だった），そこで観察したこともふまえて，オカルトに関する博士論文を書いた。彼は，降霊術にはトリックがあることも見抜いていたが，「しかしなぜ幽霊が存在すべきではないのか（1：150）」という素朴な疑問を提起している。

3. 精神科医になった頃

　1900年，ユングはバーゼル大学を卒業するに際して，その後の進路に迷ったが，クラフト＝エビング（Krafft-Ebing, R.）のテキストに，精神病は「人格の病」であると書かれているのに感動し，精神医学の道に進むことを決意した。彼は，チューリヒ大学のオイゲン・ブロイラー（Bleuler, E.）の元で助手になって，ブルグヘルツリ精神病院で臨床活動を始めたが，そこで興味深い症例をいくつも担当した。

　「早発性痴呆」[注5]と診断されていたある女性患者は，言語連想検査（後述）を行ってみると，意外な事実が明らかになった。彼女には結婚前に心を寄せていた男性がいたが，ある知人から，その男性が彼女が結婚したことを知ってショックを受けていたと聞かされ，それ以来，抑うつ症状が起こっていたのだった。そして，それからさらに決定的な事件が起こっていた。彼女には4歳の娘と2歳の息子がいたのだが，彼らを入浴させていたとき，彼女は（なかば無意識的に）子どもたちが汚い水を飲むのを止めなかった。そのせいか，息子は腸チフスにかかって死んでしまった。まもなくして「抑うつ症状が急性状態に達し，彼女は病院に入院することになった」のである。ユングは「連想検査から彼女が殺人犯であることが（中略）抑うつ症にかかるのに十分な理由だとすぐさまわかった」と述べている（1：171）。ユングは思い切ってこの事実を彼女に伝えることを決意した。「患者にとっても，それを聞き，受け入れることは悲劇的なことであった」。けれども，この告知をした2週間後には彼女は退院できる状態になり，「二度と再び入院することはなかった」（1：172）。

　ユングはまた，精神病患者の行動は，一見，不可解であっても生活史から了解できることがあるのを見出した。たとえば，すでに40年にわた

って入院していた75歳くらいの女性患者はときおり靴直しの動作をしていたのだが，その契機は靴屋の若者に失恋したことであることがわかった。また，ある女性患者は，幻聴を聞き，カタトニー（無動状態）を起こしていたが，ユングと話せるようになると，「（自分は）月に住んでいた」と言う。月には吸血鬼がいるので女性や子どもは地下に隠れているというのである。それから彼女は，吸血鬼と戦う計画について語り，ついに，イメージのなかで対決した。すると，まさにその場面で相手は美しい男性に変容し，彼女を翼で包み込んだ。彼女はユングが月への帰還を止めていると思ったが，（そのせいで）彼女は現実の世界にとどまり，看護婦として働けるくらいに回復した。その後，しばらくたったとき，彼女は銃をユングに預けて言った。「もしあなたが私を見捨てたら，私はあなたを撃ち倒していたでしょう」。心理療法は危機と裏腹だったのである。その後，彼女は故郷に帰って結婚し，数人の子どもを持ち，「再発することなく過ごした」という。

ユングは，このような臨床経験を踏まえて，「心理療法と分析は，人間一人ひとりと同じほど多様である」「問題の解決は常に個別的なものである」（1：191）という結論に達した。

4. フロイトとの交流

こうして，症状の背後に潜在する無意識的動機の影響を認識していったユングは，フロイトの『夢分析』を読んだ数年後には彼の「抑圧」理論に強い親近感を覚えるようになった。1907年2月，ユングは初めてフロイト宅を訪れ，二人は13時間も話しこんだという（1：215）。

それからまもなく，ユングは「言語連想検査」を開発した。これは，特定の単語群から連想されることを述べていく心理テストで，いくつか

の単語に関してとくに反応が遅れたり，反対語や同音異義語などのような連想しか浮かばなかったりするとき，その背後に無意識の「コンプレックス」が推定される。ここで言う「コンプレックス」とは，「感情に色づけられた複合体」，すなわち，ある強い感情を伴う観念が無意識下に存在し，そこにさまざまな観念が複雑に絡まっている状態と言ってもよいだろう。たとえば，「警官」「権力者」「遺産」「戦争」などといった言葉が「父親」を連想させ，そうした対象に対する強い恐怖が起こって冷静に対応できなくなる場合は，「父親コンプレックス」の存在が推定されうる。

　1908年，ユングはこの言語連想検査の業績が認められ，フロイトと共にアメリカのクラーク大学に招待された。ユングは自身でも夢分析を行っていたので，この旅の途中でフロイトと互いの夢を分析し合うが，フロイトは，ユングの夢のなかにフロイトの死を願っているところがあるとして，分析を途中で拒否したという。実は，この頃からユングは，神経症の原因として性的トラウマや性的動因を重視するフロイトの説に異論を唱えており，リビドーという概念も性的動因よりも広い意味で用いようとした。しかし，フロイトはユングに「決して性理論を棄てないと私に約束して下さい。それは一番本質的なことなのです。私たちはそれについての教義を作らなければならないのです」と言った（1：217）。ユングはそのような態度を受け入れなかった。科学において大切なのは，仮説の真摯な検討であって，ドグマの喧伝ではないと思えたのである。ユングは「フロイトの中に無意識的な宗教的要因のほとばしりを観察した」（1：218）という。

　実際，神経症は常に性的願望や性的トラウマから生じるわけではない。このことは，ユング自身の体験からも，ブロイアーが担当したアンナ・Oのケースからも，あるいは，戦争神経症やPTSDなどからも明らか

である。フロイトがそれほど性的動因にこだわったのは，性を抑圧する当時の文化的風潮に抵抗したという背景も窺われる。

　フロイトとユングの科学観・宗教観は対照的なところがある。フロイトは自らを科学者として任じ宗教を排斥したが，ユングは宗教的現象も科学の視野に含めようとしたと言ってもよいだろう。このことを示す興味深い出来事がある。1909年のある日，ユングはフロイトと超常現象について議論していた。フロイトはユングの心霊主義に対する姿勢を非難していたが，好意的な反応を期待していたユングは，そのショックと怒りで緊張し，「横隔膜のあたりに，熱くこみあげてくるような感覚」をおぼえた。するとその時突然，大きな爆発音が聞こえた。「これこそ霊媒による外在化現象ですよ」とユングが言うと，フロイトは「ばかなことをいうな！」と答えた。ユングはすかさず応酬した。「先生はまちがってます。その証拠に，もう一度同じことが起こりますよ」。そう言い終わったとたん，ユングの耳にまた爆発音が聞こえた（1898年の出来事を彷彿させる）。「ほら，したでしょう」。だがフロイトはあっけにとられて，ユングの顔を見つめるばかりであったという（フロイトは，ユングが帰った後もそうした音は聞こえたし，ユングのことを考えているときには生じなかったとしている）（2：222）。

　このように性的外傷や神秘的体験についての見解の相違はあったが，フロイトは非ユダヤ人の後継者としてユングに強い期待をかけ，1911年，彼を国際精神分析協会の初代会長にした。しかし，1912年頃から両者の亀裂は深まり，1913年1月，フロイトはユングへの書簡の中で「異常な振る舞いを続けながら正常であると大声で叫んでいる人は病識を欠いている」「我々の関係を全面的に放棄するように提案します」と記し，ユングもそれに応えて「私がありのままの真実を提出するなら，よしんばそれが耳障りであっても，あなたにとって一番よい結果になるに違いな

いのです」「もうこれ以上付け加える必要はございません」と返した（この書簡の訳は，山中（2010）による）。こうして，両者は訣別したのである。

　敬愛するフロイトと離反し，仲間からも孤立したユングは，「内的な不確実感に襲われた」（1：244）。彼は患者に対する態度も変える必要を感じ，「理論的な前提を一切持たず，彼らが自然に話そうとする」のに任せた。すると，「患者が自分の夢や空想を自発的に私に話してくれる」ようになり，「ものごとを成り行きに任せよう」とすると，解釈は「ひとりでにすすんでいくようであった」（1：244）。

　しかし，やがてユングは，精神病者が体験するような強烈なインパクトを持つヴィジョンや空想に自分自身もとらわれるようになった。不思議なことに，ときにはそれは外的な出来事とも関連しているようだった（たとえば，第一次大戦が始まる直前，彼は大洪水が襲ってきて，文明の残骸や多数の溺死体が浮かび，しかもその海が血に変わる夢を見ている）。ユングは後に，こうした因果関係では捉えられない「意味ある偶然の一致」を「シンクロニシティ　synchronicity」（共時性）と呼び，それを実際に起こる出来事として記述した[注6]。当時，彼は「ひとつひとつのすべてのイメージや，心の内容のひとつひとつの項目を理解しようとし，それをできるかぎり科学的に分類し，特にそれを現実生活に生かしてゆこうと強く配慮して」いった。「私の科学は，自分自身をあの混沌の中から脱出させる唯一の方法であった」（1：274）と思えたのである。

　しかし，ユングが「私はいったい何をしているのか」と自問すると「科学とは関係がない」（1：264）という考えも浮かぶ。そんなとき，「それ（あなたのしていること）は芸術です」という女性の「声」が聞こえた。ユングは「いや，芸術ではない。それは自然そのものだ」と答える。ユングにとって芸術とは（自我が生み出す）「勝手なつくりもの」（1：

278）のように思えたのであろう。

　いずれにせよ，自分の使命は「平坦な道が開けているアカデミックな経歴」にはないと感じたユングは，チューリッヒ大学の私講師も辞して，個人開業によって心理療法に専念することを決意した。そして，自らの心理学を「分析心理学　analytical psychology」と称して，その理論を確立していったのである。

　ユングは，普遍的無意識から生じるように思われる典型的なイメージの源を人格として捉え，それを「元型」と呼んだ。ユングのしていることは芸術だという声を発した主体は，男性の内にある普遍的女性像，「アニマ」注7）である（女性の内の男性像は「アニムス」）。他の元型としては，父親元型，母親元型（グレートマザー），影注8），老賢者，そして，意識・無意識を含めた心全体の中心「自己　Self」などがあげられる。

　この時期，彼は，苦悩の中で見た夢やヴィジョンとその解説を黒い表紙のノート『黒の書』に書きとめ，後にそれを赤い革製の表紙をつけた中世風の本『赤の書』に転記した。『赤の書』は1930年まで執筆されたが，そこで中断された。それがシャムダサーニ（Shamdasani, S.）の解説付きで刊行されるのは，彼の死後，30年以上たった2009年（邦訳は2010年）である。この『赤の書』には彼の提起した「元型」という概念に照らすと理解しやすいさまざまなイメージが鮮明に描かれている。「自己」の象徴とされるマンダラは1916年に初めて描かれ「大宇宙の中の小宇宙」と呼ばれたが，『赤の書』には1927年に描かれた『永遠への窓』（ユングがそう名づけた絵）と，1928年に描かれた最後のマンダラ（ユングが「中国風」だと感じた「堅牢な黄金の城」の絵）が掲載されている。この最後のマンダラは，ヴィルヘルム（Wilhelm, R.）から送られてきた中国の錬金術（道教の冥想法）の本に掲載されていたものと多くの類似点があり，ユングはこの書からも普遍的無意識の存在を確信し，孤独から解

放されたと思われる。

　ユングは，このように苦悩していた期間でも分析と執筆を続けている。1921年には有名な『心理学的類型』が刊行された。そこには，有名な外向―内向の軸と，感覚―直観，思考―感情の軸によるタイプ論が展開されている。通常，人は一方の極が他の極よりも優れている（たとえば，内向的な人は社交的でなく，思考型の人は感情が未分化で，優れた直観の持ち主は感覚が鋭敏でない）。けれども，人生の後半においては，自分の劣等機能が育まれ優越機能と統合されることがたいていの人にとって心理的課題となる。いわば，人は，より大きな全体性を形成しようとするのである。

　ユングは，母の死後，チューリッヒ湖畔のボーリンゲンに塔を建てた。これは，河合（1978）によれば，一種の「立体的な曼荼羅」である。ユングは，この塔に電気も水道も引かず，休日はそこに籠もって思索していたという。彼が人格的に成熟していくにはこのような場が必要だったのだろう。

　ユングは自分の患者であるサビーナ・シュピールラインやトニー・ヴォルフと性的な関係を持ったことや「国際精神療法学会」の会長になったことで（ナチスに協力したと誤解されて）非難されたこともあったが，心の世界についての深い洞察は多くの人々の共感を呼び，「心理学クラブ」「エラノス会議」「ユング研究所」などでの活動もその思索や実践を広めるのに役だった。

　分析心理学のアプローチは，「告白」「解明」「教育」「変容」の4段階で捉えられることがある。大場（2017）は，このなかで，「変容」とはクライエントとセラピスト双方に生じる「相互的変容」であるとする。たしかに，ユング派の心理療法においては，心の傷や病に苦しむクライエントがセラピストの働きかけによって「正常」ないし「定型発達」に

近づいていくというよりも，クライエントとセラピストが相互作用しながら共に自らの無意識との対話を通して個性化・全体化していくというプロセスが生じやすいかもしれない。

ユングは，高齢になってから重要な著作をいくつか出版している。たとえば，『転移の心理学』や『結合の神秘』は70歳を過ぎてからの著作であり，彼の思想を理解する上で最も重要な著書の一つである『自伝』は83歳の時に記されている。また，この『自伝』を編纂したアニエラ・ヤッフェらとの共著である『人間と象徴』の第1章は，ユングが85歳で亡くなる10日前まで執筆されていたという。彼の墓石には，ボーリンゲンの石碑と同様に，「呼ばれても呼ばれなくても神は現前する」という文字が刻まれている。ユングにおいては，「神」は「普遍的無意識」あるいは元型としての「自己」と等価だったのではないだろうか。それは，心の世界の最も高いところに，あるいは，最も深いところに存在するように感じられる「主体」のことだと言ってもよいかもしれない。

5. ユング派のセラピストたち

ユング派の心理療法家は，サミュエルズ（Samuels, 1985）らによって，古典学派，発達学派，元型学派の三派に分けられることがある。古典学派は意識的にユングの伝統に従い，発達学派は人格形成における乳幼児期の重要性と，臨床実践における転移—逆転移の分析を強調する。また，元型学派は心理療法の過程で「魂　soul」のイメージによって経験を深める。

しかし，こうした分類は固定的ではない。ポスト・ユンギアンのなかでもたとえばパパドポロス（Papadopoulos, R.）は「精神分析家として出発し行動療法家でもあった」が，「最終的にユング派分析家およびシ

ステムズ家族療法家」になったという（Casement, 1998）。

　ユング派のセラピストのなかには，日本と交流のある人も少なくない。たとえば，ユング派には珍しくプラクティカルな技法を明示したウィルマー（Wilmer, H. A.），自殺を“egocide”と捉えて鬱の克服などに寄与したローゼン（Rosen, D.），ドリームワークのワークショップを行い，モスクワではダライラマやゴルバチョフと交流できる機会（Facing Apocalypse）を提供したボスナック（Bosnak. R.），13人のポスト・ユンギアンの議論をまとめたケースメント（Casement, A.）などには訳書もあり，私も彼らに短期間ながら分析を受けた。

　わが国のユング派では，日本で初めてユング派分析家の資格を取った河合隼雄があまりにも有名である。彼は，『ユング心理学入門』などでユングの思想や実践をわかりやすく解説し，箱庭療法の導入，臨床心理士資格の創設，スクールカウンセラー事業の発展などに貢献した。他の日本人のユング派セラピストの名前を思いつくままに挙げてみると，ペルソナ論に新たな光を投げかけた大場登，アクティブ・イマジネーションについて論じた老松克博[注9]，箱庭療法の発展に貢献した岡田康伸，牧師でもあった樋口和彦，真言仏教と心理療法の関係について論じたマーク海野，優れた臨床実践を報告した織田尚生，プレイセラピーにユング派の視座を取り入れた弘中正美，哲学的視座からユング派の実践を捉えた河合俊雄，人格の二面性について論じた桑原知子，そして私の初めの分析家だった鈴木茂子などがいる。

　ここでは，河合隼雄について，もう少しだけ紹介しておこう。息子の河合俊雄は2018年に放映されたNHKのテレビ番組「100分 de 名著」のなかで，多少逡巡しながら「（父は）物語の世界から隠れた原石を掘り出す名手でした」「その（著書）一作一作に独特の魅力と説得力があるのは，「構造を読む」ことに優れていたからでしょう」と述べている。

けだし，慧眼である。河合隼雄は，彼我の神話や物語を読み解いて日本社会の「中空構造」や「母性原理」を見抜き，その光と影について的確なコメントを加えた。彼はまた，『ユング心理学と仏教』を著し，禅僧明恵の夢を分析して彼を師と仰いだ。このような広範な領域におよぶ豊かな「臨床の知」は，ユングが自らに問うた「お前がその中に生きている神話は何なのか」（p.245）に対する，河合なりの答であったように思われる。ユングはフロイトへの手紙で，「弟子が弟子にとどまるだけなら，師に間違った恩返しをする」と述べたという[注10]。ユングの神話に依拠せず，日本文化の深層を模索し続けた河合は，このような仕事を通じて，ユングに対する真の「恩返しの物語」を生きたと言えるかもしれない[注11]。

》注

注1）英語では，the collective unconscious で「集合的無意識」とも訳される。個々人の体験したことが蓄積されている無意識よりも深い層に存在すると仮定される無意識で，「個人的」という概念と対照すると「集合的」と言えるが，そこから浮かび上がるイメージには時代や文化を超えた共通性がある（典型的な象徴的イメージである）というニュアンスでは「普遍的」と捉えうる。

注2）「神」ということばは，太古の人々が道具や言葉を使って，環境の一部をコントロールできるようになったとき，人間の智恵や能力ではいかんともしがたい健康や病，豊作や飢饉，誕生や死などをコントロールしている主体がイメージされたり，体験されたりしたときに誕生したのではなかろうか。だとすると，それは幸福と共に不幸をもたらす存在であると感じられたに違いない。キリスト教ではその善の側面が強調されているが，ヨブ記やイエスの最後の言葉（エリ・エリ・レマ・サバクタニ）は，神が苦しみを与える存在としても認識されていたことを示唆する。

注3）オーストラリアのアボリジニの祭祀物。楕円形の石や木でできている。

注4）ちなみに，神経症の症状とされる頭痛や腹痛は（少なくとも症状が顕現した

時点では）仮病ではない。症状は，いわば「無意識的なストレス反応」なのである。しかし，周囲の人は神経症症状を「なすべきことを回避するための言い訳」のように感じて，症者を強く非難しがちである。けれども，たいていのケースでは非難や攻撃は症状を悪化させる（本人からすれば，本当に痛いし体が動かないのにそれを信じてもらえないので憤りが起こる）。このようなときには，一時的にでも，よりストレスが少なく自己表現が許される環境（不登校の子どもなら，プレイセラピーを受けるとかフリースクールに行くなどの機会）を与えて，社会的行動への意欲や主体性を育むことが妥当なケースが多い。けれども，ストレスに耐えられるように症者を訓練するようなアプローチが奏功することもある。ただし，本人にとって困難な課題を強制するようなアプローチは，症者を命に関わる事態に追い込むこともある。

注5）ブロイラーは，それまでクレペリン（Kraepelin, E.）が提唱していたdementia praecox（早発性痴呆）という概念に代わって，schizophrenia（旧訳「精神分裂病」「分裂病」，現代訳「統合失調症」）という概念を打ち立てたことで有名であるが，この病院では，当時でも古い診断名が使われていたのだろう。

注6）筆者（倉光）は，こうした現象を「偶然の一致に意味を見出すこと」ないし「意味があるように感じること」としている。

注7）アニマ（アニムス）は「たましい（Seele：Soul）」の意で用いられることがある。ユングは，また，「外界に対しての心理的構え・姿勢」をペルソナ，「内界に対しての心理的構え・姿勢」をゼーレ（たましい）としたこともある。この両者の対比については，大場（2000），大場・森（2017）に詳しい。

注8）「影」には，個人的な影と元型的な影があるとされる。前者は自分が生きられなかった人格（の反面）を，後者は虐殺や虐待などとして現れる普遍的な悪の主体を意味する。

注9）老松克博は自身のアクティヴ・イマジネーションの実際について2004年の3部作で鮮かに記述している。

注10）Papadopoulos, R. が Casement, A. の訳書の中で述べている（p.237）。

注11）河合隼雄は物語や神話について多くを述べているが，それは，彼が自分の実践事例を公表することに抵抗があったからではないかと思われる。しかし，彼が事例研究を重視していたことは間違いない。一般の科学的研究では個別の実践から普遍的な理論を抽出すること（あるいは理論を事例で実証すること）が

求められるのだが，彼の臨床心理学においては，普遍的なのは「間主観的無意識」であり，いわば，それを基盤として展開する個々の「物語」や「神話」を鮮明に描写する個性記述的な事例研究にも高い学問的価値があると捉えられているように思われる。この点については第15章でもう一度触れる。

文献

Casement, A. (1998). *Post-Jungians Today.* 河合隼雄ほか（訳）(2001). ユングの13人の弟子が今考えていること—現代分析心理学の鍵を開く. ミネルヴァ書房.

Douglas, C. (Ed.) (1997). *Visions: Notes of Seminar Given 1930-1934.* by C. G. Jung・氏原寛・老松克博（監訳）(2011). ヴィジョンセミナー1・2・別巻. 創元社.

Gierich, W. (2007). *The Soul's Logical Life: Towards a Rigorous Notion of Psychology.* 田中康裕（訳）(2018). 魂の論理的生命：心理学の厳密な概念に向けて. 創元社

Jung, C. G.・Shamdasani, S (Ed.) (2009). *The Red Book: Liber novus.* 河合俊雄（監訳）(2010). 赤の書. 創元社.

Jung, C. G. (1963). *Memories, Dreams, Refrections.* Jaffe, A. (Eds). 河合隼雄・藤縄昭・出井淑子（訳）(1972). ユング自伝1・2—思い出・夢・思想. 創元社.

Jung, C. G., von Franz M. L., Henderson, J. L. Jakobi, J. and Jaffe, A. (1964). Man and his symbols. 河合隼雄（監訳）(1975). 人間と象徴—無意識の世界 上下. 創元社.

河合隼雄 (1976). 母性社会日本の病理. 中公叢書.

河合隼雄 (1978). ユングの生涯. レグルス文庫.

河合隼雄 (1977). 無意識の構造. 中公新書.

河合隼雄 (1982). 中空構造日本の深層. 中公叢書.

河合隼雄 (1994). 河合隼雄著作集. 岩波書店.

河合隼雄 (1995). 明恵 夢を生きる. 講談社.

河合隼雄 (2002). 昔話と日本人の心. 岩波書店.

河合隼雄 (1998). ユング—魂の現実性（リアリティ）—. 講談社.

河合俊雄 (2018). 河合隼雄スペシャル. 100分で名著. NHK出版.

大場登（2000）．ユングの「ペルソナ」再考―心理療法学的接近．日本心理臨床学会・
　心理臨床学モノグラフ第 1 巻．創元社．

大場登・森さち子（2017）．精神分析とユング心理学．放送大学教育振興会．

老松克博（2004）．ユング派のイメージ療法―アクティヴ・イマジネーションの理
　論と実践　①無意識と出会う　②元型的イメージとの対話　③成長する心．創元
　社．

Samuels, A.（1986）. Jung and the Post-Jungians.　村本詔司・村本邦子（訳）
　（1990）．　ユングとポスト・ユンギアン．創元社．

山中康裕（編著）（2010）．心理学対決！　フロイト vs ユング．ナツメ社．

7 | 心理療法3 ―ロジャーズ派のアプローチ―

倉光　修

《目標とポイント》　この章では，クライエントとセラピストの個性や全体性を尊重したロジャーズのアプローチを紹介する。ロジャーズは，"Counseling and Psychotherapy"（1942）という著書が示すように，カウンセリングと心理療法の垣根を取り払い，患者に指示や解釈を（上から）与えるような従来の心理療法と異なり，クライエントをありのままに（対等の存在として）受容しようとする「非指示的療法」を提起した。彼は後に，このアプローチを"Client-Centered Approach　クライエント中心療法"（1951）とし，さらに一般の人々を対象とする"Person Centered Approach　パーソン・センタード・アプローチ"（PCA）として実践していった。また，ロジャーズは，このアプローチを見知らぬ人々が出会う「エンカウンターグループ」としても展開し，晩年には，国際紛争の解決や人種対立の解消を目指した活動も行った。また彼は，スピリチュアリティやトランスパーソナルなアプローチにも心を開いた。

　なお，放送教材では，長年，ロジャーズ派の指導者として活躍してこられた飯長喜一郎先生をゲストにお迎えして，ロジャーズ派の理論と実践についてお話しいただく。

《キーワード》　非指示的療法，クライエント中心療法，パーソン・センタード・アプローチ（PCA），共感的理解，無条件の肯定的関心，純粋さ（自己一致），エンカウンターグループ，フォーカシング，遊戯療法

1. ロジャーズの理論とアプローチが生まれるまで

　カール・ロジャーズ（Rogers, C.）は，1902年にアメリカのイリノイ州，

オークバーグに生まれた。ロジャーズの自伝『私を語る』（ロージャズ全集第12巻，1967）によると，彼の両親は厳格なキリスト教徒で，隣人とあまり交際しなかったため，彼は「かなり孤独な少年」だったという。彼が12歳の頃，両親は農場を買い，家族はそこに移り住んだ。ロジャーズは周囲の自然に親しみ，やがて，ウィスコンシン大学の農学部に入学した。しかし，学生宗教会議などに参加した経験から，「誠実で正直な人たちが非常に異なっている宗教上の教義を信じることができる」ことに気づき，両親による宗派的束縛から解放されていく。その後，彼はユニオン神学校に進んだが，そこでは「教師をつけないゼミナール」が認められており，その活動を通してロジャーズは，「自分の提起した問題を通して自分の行くべき道を考えた結果，宗教的な職業から離れるのが正しい」と思うようになった。このような経験は，個々人が自分の道を見出すことの価値を彼に確信させたように思われる。

　ロジャーズは，コロンビア大学で臨床心理学を学び，大学を終えると，ロチェスターにある児童愛護協会で実践活動を開始した。この協会での12年間の経験は，彼に当時主流であった精神分析とは異なる新たなアプローチを模索させた。たとえば，彼は放火癖のある青年に無意識の性衝動を見出して問題が解決したと思ったのだが，青年は保護観察に出されるとすぐまた放火事件を起こしてしまった。また，就職した当時はすばらしいと思ったケースワーカーの面接記録を数年後に読み返してみると「親の無意識的動機を認めさせ，罪の告白を引き出しているように思われ」，寒気を覚えたという。さらに，ロジャーズは，彼のアプローチに決定的な変化をもたらすケースに出会う。それは，乱暴な子どもの母親で，原因は子どもの幼児期に彼女が拒否的であったことだと思われたのだが，いくら話し合っても彼女にそれを洞察させることはできなかった。そこで，ロジャーズは面接の中断を提案し，クライエントはそれを受け

入れて立ち去ろうとした。しかし，その時，彼女は振り返って，「先生はここで大人のカウンセリングをおやりになりませんの」と尋ねた。ロジャーズがやっていると答えると，彼女は自分が受けたいといい，席に戻った。以来，彼女は夫婦間の深刻な葛藤を語るようになった。やがて，母親のカウンセリングが進んで子どもの状態も改善されたのであろう，このセラピーは「非常な成功を収めた」のであった。

このような経験から彼は，「何がその人を傷つけているのか，どの方向へ行くべきか，何が重要な問題なのか，どんな経験が深く秘められているのか，などを知っているのはクライエント自身である」と確信するようになった。そして，その信念に基づいて以下に述べるような実践を積み重ね，彼の理論を形成していったのである。

2. 非指示的療法からクライエント中心療法へ

ロジャーズは，1939年に刊行した『問題児の治療』という著作が認められ，オハイオ州立大学の教授に就任した。そして1942年『カウンセリングと心理療法』を世に出し，当時一般的だった「指示的」な心理療法，つまり，患者に対し一方的な助言をしたり，無意識的動機の解釈を告げたりするアプローチではなく，クライエントのありのままの感情や考えを受容し，主体性を持った個人として尊重する「非指示的療法 non-directive therapy」が有効なケースがあることを，面接過程の逐語録を記載して明瞭に示した。それから約10年後，彼は，その実践と理論を『クライエント中心療法 Client-Centered Approach』という代表作にまとめた。この書では，不適応（心理的問題）は，自己概念（構造）の準拠枠に一致しないために十分経験（体験）されない領域が脅威となって生じるので，クライエント中心療法のような脅威の少ない環境を提供す

れば，自己一致がより促進されて，適応（解決）に向かうという仮説が
提起されている。

　では，このような変容はセラピストのどのような態度によって促進さ
れるのだろうか。ロジャーズは『セラピーによるパーソナリティ変化の
必要にして十分な条件』（Rogers, 1957）の中で，以下のような6条件を
あげている（要約ならびに意訳した）。

1．クライエントとセラピストが互いを認知し，心理的なコンタクト
　　を持っている
2．クライエントは自己概念と経験との間に不一致があり，傷つきや
　　すく，不安な状態にある
3．セラピストは自己概念と経験が一致しており，クライエントに対
　　する肯定的な感情も否定的な感情も認知している
4．セラピストはクライエントに対して，無条件の肯定的（積極的）
　　関心を経験している
5．セラピストはクライエントの内的準拠枠を共感的に（あたかも相
　　手の立場に立って体験しているかのように）理解し，その経験をク
　　ライエントに伝えようと努力する
6．セラピストの共感的理解と無条件の肯定的関心が最低限クライエ
　　ントに伝わり，クライエントに認知される

　これらのうち，セラピストにとって必要かつ十分な条件は「中核条件」
として強調されてきた。すなわち，① セラピスト自身の「自己一致
congruence」（「純粋さ　genuineness」ないし「真実性　realness)」），
② クライエントに対する「無条件の肯定的関心　unconditional
positive regard」（「受容　acceptance」)」，そして ③「共感的理解
empathic understanding」の3条件である。つまり，セラピストが自分
を十分に受け入れクライエントがどのような状態であっても審判せずに

ありのままに捉えようと心がけ，クライエントの体験していることを共感的に理解しようと努めれば，クライエントも真の自己を受け入れ，より適応的に行動できるようになると信じられたのである。

　ロジャーズは何人かのクライエントの面接過程をビデオに撮り公開している。ここでは，ミス・マン（Mun）と名づけられた女性のカウンセリングの第17回目のセッションを畠瀬稔の訳書（2004）から引用しよう（一部改訳）。

　……マンさんは，緊張・疲労・抑うつなどの症状があったが，医師から心理的要因を指摘され，ロジャーズのカウンセリングを受けることになった。彼女は異性や家族との関係でもうまくいかない体験を重ねていた。カウンセリングでは，こうした問題の背景に，『他者からの要求に応えなくてはいけない』という観念が潜在し，彼女はそれに縛られていたことが次第にわかってきた。そして，このセッションでは，それが家族関係に起因していることが明らかになった，彼女の母親は，「支配的で横暴な」祖母に対して，（これ以上はできませんという）リミットを示さず，「言いなりになっていた」。マンさんは母親を気の毒に思いつつ，母親に腹を立ててもいた。そして，いつのまにか自分も他者に対して同じように反応していたのである。また，父親も彼女を「好きだ」とは言うが愛情は感じられず，祖母同様「要求ばかり」してくるので，マンさんには「荷が重かった」。こうして，彼女が両親に対する両価的感情に気づいていくプロセスをロジャーズはていねいに受けとめていく。

　すると，マンさんはレントゲン検査でガンが発覚するのではないかと恐れていることを明らかにした。その時の対話は次のようである。「　」内はマンさん，〈　〉内はロジャーズ。

　「もしそうなら，……本当にものすごく一人ぼっちなんだと思ったんです」。（中略）〈ご自分が本当に一人ぼっちだというような感じなんで

すね……この宇宙の中で，どこであっても……（はい）……誰かが助けることができるかどうか——誰か頼る人がいてもいなくても助けになるかどうか，それさえわからないんですね〉【15秒沈黙】。「おそらく，基本的には一人でしなければならないという部分はあるんだと思います。つまり，ある感情には誰か他の人に入ってきてもらうことはできないんです。それでも，一人でなかったら，一種の慰めにはなるんだろうと，思えて」〈もし，だれかがあなたの……孤独や恐れの気持ちに……かなり入ってきてくれたら，きっといいでしょうね〉【14秒沈黙】「今，そうして頂けている気がします」【20秒沈黙】〈たぶん，今，この瞬間，そう感じておられるんですね〉「そして，慰められている気持ちです」【1分27秒沈黙】

　ロジャーズは，実際の面接において，クライエントの話した言葉をそのままくり返したり（reflection：restatement），周囲から肯定されないような感情でも「うんうん，なるほど」と受け止めたり（simple acceptance）するけれども，セラピストが望ましいと思う行動をとるように指示・助言したりすることはほとんど見られない。このような対応はしばしば「技法」として模倣されるが，彼の元で訓練を受けた東山（2003）によれば，中核条件はセラピストとして望ましい「態度」であって，けっして，画一的な「技法」ではない。

　しかし，そうだとしても心理療法やカウンセリングの実際場面で常にこのような態度を保つことは非常に難しい。とくに，クライエントに対して否定的な感情が起こったり，クライエントの倫理的判断が間違っていると思ったりすると，自己一致しながら無条件の受容や共感的な理解に努めることが難しくなるものである。ただし，その方向に努力することは常に可能であるとも言える。

　ちなみに，ロジャーズの理論と実践は，他の学派のアプローチと通底するところもある。上述の自己概念と体験の一致は，精神分析で言う無意識の意識化と類似した現象と捉えうるし，あまり意識しなかった例外的な出来事を認知することの意義は論理療法でも強調されている。クライエントの自己表現に対するセラピストの頷きや相槌は，行動療法的に見ればそうした表現活動を「強化している」とみることもできるだろう。また，ロジャーズ派のセラピストでも，自殺を企図するクライエントには「死なないでほしい」と自分の気持ちを表明（自己開示）したり，「何も問題はない」と言い張る子どもに「問題があることを認めたくないのね」と語りかけたりする（解釈する）こともある。また，クライエントの潜在的な自己治癒力に信を置いているところなどは，ユング派のセラピストとかなり共通しているようにも感じられる。また，ロジャーズは，晩年，自分の「プレゼンス（存在）」そのものが援助的であると述べたという。これは，ユング派の河合隼雄が「そこにいるだけでよい」と言ったこととも通底するように思われる。ロジャーズは後に「クライエント中心療法」は，すべての人々に対して適用できるとして「パーソン・センタード・アプローチ（PCA）」と呼ぶようになったが，おそらく今日では，どのようなアプローチでも，クライエントの心的世界全体をありのままに受容するという態度の重要性は認められているだろう。

3. エンカウンターグループ

　ロジャーズは，1964年，62歳で大学をやめ，カリフォルニア州で「エンカウンターグループ」に取り組み，1970年に同名の著書を出版した。この試みによって，彼はクライエント中心療法の原理をグループにおいて実践しようとした。エンカウンターグループの参加者はそれまで互い

に面識のない人々で，多くの人が開催地のホテルなどに数日間宿泊する。通常，グループは7人から20人くらいで構成されるが，全体として数グループが作られることもある。各グループには，体験過程を促進する役割を持つ「ファシリテーター」が入る。ファシリテーターは通常のグループ・リーダーと異なり，グループ全体をある方向にまとめていこうとはせず，その場で起こってくる自由な相互作用を保証する。

　このようなセッションでは，はじめはかなりの時間沈黙が続いたり，誰かが話題を振ったりするが，しばらくすると，あるメンバーが自分の問題や周囲の人に対する否定的な感情を表明しはじめることが多い。すると，その人に対して，同意する人や批判する人，その人を支えようとする人やその話に関与したくない様子を示す人などいろいろの反応が現れる。ここで，ファシリテーターが特定の人の体験している感情や思いを明確に把握しようとし，その人中心の対応をすると，他のメンバーも批判や支持よりもまずその人をありのままに受容しようとするようになる。さらにプロセスが進むと，メンバー相互の理解が非常に深まってゆき，個々人の主体性や自発性が向上して来るのが感じられる。全日程が終わる頃には，すべてのメンバーが少なくとも当初よりは個人としての誇りと他者への思いやりを感じられるようになって，また日常世界に戻っていくことが多いようである。

　私（倉光）がアメリカのラホイヤでロジャーズのエンカウンターグループに参加したときの体験を少しだけ述べると，初回のセッションでは参加者全員が輪になって座り，長い沈黙の時が流れたが，突然，ある男性が"I am a Queen"（同性愛者）だと言って，中央に進み出た。しばらくして，もう一人の男性が彼の前に進んでいって，何も言わずに彼を抱きしめた。二人の抱擁に感動した参加者たちはひとりずつ中央に進んで彼らを包むように抱き，最後は全員で何重もの輪を作って彼らをホー

ルディングした。

　また，別のセッションでは，ある参加者がロジャーズの発言に異を唱え，それに対してロジャーズが反論した。その参加者がロジャーズに「あなたは怒っている」と言うと，彼は「私は論争が好きです」と微笑んだ。ほんとうに genuine な人だと私は感嘆した。

4.　ロジャーズ派のセラピストたち

　ロジャーズはセラピストとクライエントの個性や自発性を何よりも重んじていたので，「ロジャーズ派　Rogerian」[注1]という言葉も好まず，「面接者それぞれがクライエントを理解し，クライエントと円滑なコミュニケーションとラポールが形成できるならば，（どんなアプローチでも）自分にあったやりかたをすればよい」と述べていたという（東山，2003）。

　しかし，彼のアプローチは従来のいわば「説教型」のカウンセリングや心理療法と異なり，あくまでも相手の体験に寄り添うことによって多くの人々に有益な変容をもたらし，アメリカや日本で広く流布していった（もちろん，彼のアプローチは万能ではなく，とくに，精神病水準のクライエントに対しては，その効果が確認できなかったようである）。では，以下に，ロジャーズの流れを受けたアプローチをいくつか紹介しよう。

（1）ジェンドリンのフォーカシング

　ロジャーズ派のアプローチとしては，ジェンドリン（Gendlin, E.）の「フォーカシング　focusing」がよく知られている。私たちの心の中では，常にさまざまな体験が流動的に生起している。この「体験過程

experiencing」においては，ロジャーズが指摘したように，体験の一部は意識化・象徴化されなかったり歪曲されたりするが，そのことがしばしば，心理的問題と関連している。そこで，ジェンドリンは意識と無意識の境界領域にある体験を，身体感覚を通して象徴化する技法を編み出した。具体的には，身体のある部分の感覚に意識の焦点を合わせ（フォーカシング），その感じ（フェルトセンス　felt sense）がつかめたら，それにふさわしい名前（ハンドル　handle）をつけてみる。ハンドルを思いついたら，その感じに対応する日常的経験（心理的葛藤や苦痛）と照合する。そして，フェルトセンスの変化と共に，心理的苦痛や葛藤が緩和されるプロセスを体験していくのである。

　具体例を模擬的に描写してみよう。ある人は，リラックスした状態で，胸の辺りにフォーカシングしてみると，何かつかえている感じがする。それを「グギググ」と命名し，しばらく味わっていると，そのハンドルを持つことで，その感覚が少しコントロールできる気がしてくる。しばらくすると，その感覚が，親に言いたいことが言えないときの感じと似ていることに思い当たる。そこで，その苦しみをセラピストに表現すると，その過程で胸のつかえがいくらか下りたような感じがする。そして，このような体験をくり返していくと，やがて，このクライエントは勇気を出して親に自己主張できるようになる，といった変容が生じるのである。

　この技法は，身体感覚に関心を向けるという点で，催眠療法やリラクセーション，動作法やマインドフルネスなどとも通じるところがあるように思われる。

（2）アクスラインの遊戯療法

　ヴァージニア・アクスライン（Axline, V.）はロジャーズの原理を子

どもの遊戯療法に適用したことでよく知られている。彼女は，ロジャーズと同様，遊戯療法を効果的に行うための8原則を提唱した（Axline, 1947）。すなわち，① 子どもとの間に温かく親密な関係を発展させる，② 子どもをありのままに受け入れる，③ 子どもがあらゆる気持ちを自由に表現して良いと感じられるようにする，④ 子どもの気持ちを認知し，それを子どもに伝え返し，子どもが洞察を得られるようにする，⑤ 機会が与えられれば，子どもは自分で問題を解決できるし責任もとれるという尊敬の念を持つ，⑥ プレイセラピーで何を言うか何をするかはセラピストが指導するのではなく，子どもが先導する，⑦ プレイセラピーはゆっくり進む過程であることを認識する，⑧ 子どもが現実に根ざし，自分の責任に気づくように必要な制限を設定する，の8つである。

　このような原則を適応した有名な事例として，ここでは Axline（1964）の"Dibs in Search of Self"の訳書（1972）から部分的に引用・要約してみよう[注2]。

　ディブスはアクスラインと出会った当時5歳で，学校では誰とも視線を合わせず，「部屋のすみをうろつきまわったり」「ピアノの後ろに入ったり」していた。一人でいるときは，「身体を前後に揺すったり，手の甲をかんだり，親指をしゃぶったりする」。ほとんど話さないが，スタッフが「お帰りの時間よ」と言うと，「かえんない！　かえんない！　かえんない！」と叫んで噛みつこうとする。

　アクスラインは彼のいる教室を訪問する。彼の視野にアクスラインがたたずんでいる姿が入っていたのだろう，外遊びの時間になって，彼女がディブスに「ちょっと私と二人だけで廊下の向こうのプレイルームに行ってみない？」と誘うと，驚いたことに，彼はアクスラインの手をとってプレイルームに向かった。

　部屋に入るとディブスは人形の家の玩具を手にとって，「ドアの鍵は
いや，ドアの鍵はいや，ドアの鍵はいや」と何度も繰り返す。アクスラ
インは，「そう，あなたはドアの鍵をかけるの，きらいなのね」と応じる。
やがて，彼は母と父の人形を「お店に行っちゃえ！」とつまみ出し，妹
の人形と共に家の遠くに離した。

　……ディブスは大きな邸宅に住んでいた。家族は，有名な科学者の父
親，かつて外科医だった母親，そして，「完璧な娘」と形容される妹の
3人である。ディブスには，高価な玩具でいっぱいの個室が与えられて
いた。しかし，後に分かることであるが，彼は父親の怒りに触れるよう
なことをしたとき，しばしば，その部屋に鍵をかけられて閉じ込められ
ていたのである。

　アクスラインは児童指導センターのプレイルームでディブスと週1回
1時間のセッションを持つことにした。3回目のセッションで，彼は人
形の家のドアを「しっかり閉め」，ドアには錠前もつける。そして，砂
場で3人の兵隊を埋めて，「死んじゃった！」と言う。その次のセッシ
ョンで，ディブスは哺乳びんを取り，「立ったまま乳首を吸いながら」
アクスラインを見た。それから，人形の家の窓を開閉し，いすにすわっ
て，アクスラインをじっと見つめながら満足そうに哺乳びんを吸う。

　このような遊びがどのような体験を象徴しているかについては，本書
の読者も想像がつくであろうが，アクスラインはそのような憶測や解釈
を子どもに伝えることはしない。

　その後のセッションで，ディブスは独立記念日について「楽しい日だ
よ」「兵隊たちは勝手に歩いてまわって，全部のドアの鍵を開けるんだ
よ！」と話す。独立は自由への希求である。しかし，彼は一人の兵隊を
砂に埋め，「これ，パパだよ」と言う。なるほど，その日迎えに来た父
親は，ディブスが独立記念日のことを話すと，「そのくだらんおしゃべ

りをやめないか」と「食いしばった歯の間から言った」。ディブスはうなだれる。

　翌日，母親がアクスラインに面接してほしいと電話してくる。やってきた彼女は，これまでの歴史を一気に語る。「（ディブスは）生まれた瞬間から，私を拒絶し」，「抱いてやると，いつもつっぱって」泣いたのだという。彼女はディブスが知恵遅れだと確信した。

　そして母親は，夫が前日ディブスと共に帰宅したときの様子を話す。夫はディブスがアクスラインの前で「白痴のようにべらべらしゃべった」と言う。ディブスはそれに対して，父親に「大きらい！　大きらい！」とわめき立てた。そこで，父親は彼を部屋に連れて行って鍵をかけた。母親が涙ながらに，父親に対して「ディブスは白痴みたいなたわごとを言っているのではないわ。あなたのことを嫌いだと言ったのよ」と言う。すると，何と父親は泣き出したという。

　「わたくしは，男が泣くのを見たことがありませんでした」「でも，それでいてなにかしら，これで……過ちを認めることができる人間らしい人になれると知ってほっとしたのです」と母親は言った。そして，アクスラインに「おっしゃってください。ディブスに知能的な欠陥があるとお思いでしょうか」と聞いた。アクスラインは答えた。「いいえ，ディブスに知能的な欠陥があるとは思いませんわ」。

　次のセッションでディブスは，人形の家の壁とドアを全部外して砂場に埋めた。そして，数回後，ディブスはついに，人形の家に両親のフィギュアを閉じ込め，家に火を放つ。ディブスは両手を握りしめて泣くので，アクスラインが「お父さんとお母さんがおうちに閉じ込められて燃えているのに出られないから泣くの？」と聞くと，彼は言う。「ぼくが泣くのは，閉じ込められて鍵しめられたとき，辛かったのを思い出すからだよ」。アクスラインはディブスを抱きしめる。ディブスは男の子の

人形を手にとって，「助けてあげるよ。助けてあげるよ」と叫び，ドアの鍵をあけ，火を消して両親を救う。

　その後，母親はディブスを連れて来室するようになった。数回後のセッションの終了時，ディブスはアクスラインに別れを告げ，「廊下を全速力で走り，とちゅう振り返って，また走り」，それから「わあ，お母さん，好きだよ！」と言って母親に抱きついた。「突然，母親の目は涙でいっぱいになった。彼女はさよならというように首を振って，息子の手をしっかりと握りしめて出て行った」。

　以下は省略するが，このようなプレイセラピーの展開と並行して，家庭と共に学校での適応もめざましく改善され，セラピーは終結を迎えたのである。

　ロジャーズのアプローチに沿ったこのような遊戯療法は近年，箱庭療法なども取り入れて「子ども中心プレイセラピー」（West, J. 2002）として発展している。

（3）　その他の発展

　メアーンズ（Mearns, D. 1994）の "Developing Person-Centred Counselling" には，最近の PCA の実践におけるさまざまな留意点がコンパクトに記されている。そこで記されていることのうち，ここでは，4点だけを訳書（岡村ら，2000）から要約して紹介しておこう。
　① 無条件の肯定的配慮は，「相手を好きになること」とは異なる。
　② クライエントのそば（beside）にいることが大切だが，クライエントの味方（on the side）になってはいけない。
　③ カウンセラーはクライエントの「問題」についての専門家である必要はない（たとえば，虐待を受けたクライエントに会うカウンセラーが虐待に関する専門家である必要はない）

④ ロジャーズ（1980）は，晩年，心理療法がスピリチュアルな次元に至るときには，「私の内なる魂が相手の内なる魂に到達してそれに触れているように思われます。私たちの関係はそれ自体を超越して何かより大きなものの一部となるのです。深遠なる成長と癒し，そしてエネルギーが存在します」と述べている。

また，近年，村山と中田（2012）はPCAのグループ・アプローチを応用した事例検討法（PCAGIP　ピカジップ）を開発して実践している。

わが国では，「ロジャーズ派」と見なされるセラピストやカウンセラーは非常に多く，思い浮かぶだけでも，佐治守夫，飯長喜一郎，村山正治，畠瀬稔，畠瀬直子，東山紘久，東山弘子，岡村達也，池見陽，中田行重，保坂亨，伊藤研一，園田雅代，三國牧子，無藤清子らの名をあげることができる。

本章の最後に，ロジャーズがマンのケースに基づいて述べている言葉を記しておこう。

「セラピストが他の人に与えうる最大のものは（中略）その人の感情に別の人間として，喜んで寄り添って歩んでいくことだということをおわかりいただきたいと思います。（中略）セラピーでその個人が経験することは……愛されているという経験だと言ってもよいと思います」

〉〉注

注1）ロジャーズはよく，「自分はロジャーズであってロージェリアンではない」と述べたという（東山，2003）が，サミュエルズ（Samuels, A.）やパパドポロス（Papadopoulos, R.）によれば，ユングもまた，「私はユングであってユンギアンではない」と述べたという（Casement, 1998）。

注2）この事例の記述は，放送大学の大学院科目『臨床心理学特論（'17）』に掲載されている箇所を要約したものである。

文献

Axline, V. (1964). *Dibs in Search of Self.*　岡本浜江（訳）（1972）．開かれた小さな扉―ある自閉児をめぐる愛の記録．リーダース・ダイジェスト．

Axline, V. (1947). *Play Therapy: The inner dynamics of childhood.*　小林治夫訳（1959, 1972）．遊戯療法．岩崎学術出版社．

Casement, A. (Ed.) (1998). *Post-Jungians Today: Key Papers in Contemporary Analytical Psychology.*　氏原寛（監訳）（2001）．ユングの13人の弟子が考えていること―現代分析心理学の鍵を開く．ミネルヴァ書房．

東山紘久（編著）（2003）．来談者中心療法．ミネルヴァ書房．

飯長喜一郎（2013）．クライエント中心療法に関する覚え書き．日本女子大学生涯学習センター心理相談室紀要．11，35-41.

飯長喜一郎・園田雅代（編）（2019）．私とパーソンセンタード・アプローチ．新曜社．

Mearns, D. (1994). *Developing Person-Centered Counselling.*　岡村達也・林幸子・上嶋洋一・山科聖加留（訳）（2000）．パーソンセンタード・カウンセリングの実際―ロジャーズのアプローチの新たな展開．コスモス・ライブラリー．

Mearns, D. (1997). *Person-Centred Counselling Training.* SAGE Publications Ltd.

村山正治・中田行重（2012）．新しい事例検討法　PCAGIP 入門―パーソン・センタード・アプローチの視点から．創元社．

小川俊樹・倉光修（編）（2017）．臨床心理学特論（'17）．放送大学教育振興会．

小野けい子（2014）．心理臨床の基礎．放送大学教育振興会．

Rogers, C. (1939). *The Clinical Treatment of the Problem Child.*　堀淑昭・小野修（訳）（1966）．ロージァズ全集1．問題児の治療．岩崎学術出版社．

Rogers, C. (1942). *Counseling and Psychotherapy: Newer concepts in practice.*　末武康弘・諸富祥彦・保坂亮（訳）（2005）．ロジャーズ主要著作集1　カウンセリングと心理療法―実践のための新しい概念．岩崎学術出版社．

Rogers, C. (1951). *Client-Centered Therapy: Its Current Practice, implications and Theory.*　保坂亮・諸富祥彦・末武康弘（訳）（2005）．ロジャーズ主要著作集2　クライエント中心療法．岩崎学術出版社．

Rogers, C. (1957). *The necessary and sufficient conditions of therapeutic personality change.*　伊東博（訳）．（2001）．セラピーによるパーソナリティ変化の必要にし

て十分な条件．ロジャーズ選集（上）第16章所収．誠信書房．

Rogers, C.（1961）. *On becoming a person: A therapist's view of psychotherapy.* 諸富祥彦・末武康弘・保坂亮（訳）（2005）．ロジャーズ主要著作集3　ロジャーズが語る自己実現への道．岩崎学術出版社．

Rogers, C.（1970）. *Carl Rogers on Encounter Groups.* 畠瀬稔・畠瀬直子（訳）（1982）．エンカウンターグループ―人間信頼の原点を求めて．創元社．

佐治守夫（1985）．治療的面接の実際―ゆう子のケース．日本・精神技術研究所．

佐治守夫・飯長喜一郎（編）（2011）．新版　ロジャーズ　クライエント中心療法―カウンセリングの核心を学ぶ．有斐閣．

West, J.（2002）. *Child Centered Play Therapy.* 倉光修（監訳），串崎真志・串崎幸代（訳）（2010）．子ども中心プレイセラピー．創元社．

Wood, J. K.（1996）. The person-centered approach: towards an understanding of its implications, in R. Hutterer, G. Pawlowsky, R. F. Schumit and R. Stipsits（eds.）. *Client-Centered and Existential Psychotherapy: a Paradigm in Motion.* Frankfurt-am-Main: Peter Lang.

8 │ 心理療法 4 ―認知行動療法―

越川房子

《**目標とポイント**》　この章では，認知行動療法の基本理論と主要技法について学び，それらについて理解することを目標とする。認知行動療法は大きく認知的技法，情動的技法，行動的技法に分けられるが，本章では，認知的技法の背景理論である ABC（DE）理論を学ぶ。また主要技法として，認知的再体制化，自己教示法，自律訓練法，系統的脱感作法，正の強化法，シェイピング法，行動論的セルフコントロール法について学ぶ。

《**キーワード**》　認知的再体制化，自己教示法，自律訓練法，系統的脱感作法，正の強化法，シェイピング法，行動論的セルフコントロール法

1．認知行動療法とは

（1）定義

　認知行動療法は，1980年代以降，その介入効果の高さによって注目を集めてきた比較的新しい心理療法である。当初，認知行動療法は抑うつや不安を対象とした病理論と治療効果の高さで評価されていたが，現在，その適応対象は，統合失調症，アルコール依存・薬物依存，摂食障害，高齢者臨床，犯罪者処遇など広範囲に渡っており，その実証効果の高さで，最も強い関心を寄せられている心理療法のひとつといえる。

　最近では，わが国においても認知行動療法という名称を目にすることが非常に多くなってきた。近年増加しているうつ病の有効な治療法としてはもちろんのこと，法務省が2005年 4 月に発足させた「性犯罪処遇委

員会」が提案した処遇プログラムの中核としても知られている。

　このようにさまざまな領域で高い注目を集めている認知行動療法は，一般に次のように定義されている。「クライエントは，行動や情動の問題だけではなく，考え方や価値観，イメージなど，さまざまな認知的な問題を抱えている。行動や情動の問題に加え，認知的な問題をも治療の標的とし，治療アプローチとしてこれまで実証的にその効果が確認されている行動的技法と認知的技法を効果的に組み合わせて用いることによって問題の改善を図ろうとする治療アプローチを総称して，認知行動療法という。」（坂野，1999）。したがって認知行動療法というのは，単独の心理療法ではなく，認知行動療法とよばれる治療体系なのである。

（2）歴史

　認知行動療法は，定義に示されているように行動療法に認知的な要素を組み入れたものである。1970年代までの行動療法は，学習理論，とりわけ古典的条件付けとオペラント条件付けを基礎理論とする技法を用いて，行動を介入のターゲットの中心としていた。しかし1970年代頃からは，バンデューラの社会的学習理論などからの影響を受け，行動に与えるものごとの見方や解釈の仕方，すなわち認知の影響を重視するようになる。

　同じころ，行動療法以外の心理療法では，それまでの解釈的な精神分析や非指示的なクライエント中心療法に対して，積極的に認知体系を操作する治療体系が発展・展開していた。例えば，エリス（Ellis, A.）の論理情動行動療法，ベック（Beck, A.）の認知療法がそうである。ちなみにエリスの論理情動行動療法は，1955年に論理療法（RT：Rational Therapy）として発表されたが，1961年に理性感情療法（RET：Rational-Emotive Therapy）と改称された。そしてさらに1993年に，

理性感情行動療法（REBT：Rational Emotive Behaviour Therapy）へと改称された。エリスは先ず，論理療法を理性感情療法と改称することで，感情を軽んじていないことを明示したのだが，新たに行動を軽んじているという批判が出てきたため，最終的に理性感情行動療法という名称になったのである。

　このように認知行動療法は，行動療法とそれ以外の心理療法が，ともに認知という要素を重視し始めたという歴史的な展開を背景に成立したもので，従来の行動的アプローチと認知的アプローチが有機的に統合された治療体系なのである（坂野，1995）。

2．基本理論

（1）認知的アプローチの基礎理論

　認知行動療法を支える認知的アプローチの基本的な枠組みは，ABC理論とよばれている（Ellis, 1977）。ABC のAは Activating events で，私たちの感情や行動の原因となる実際の出来事をさすが，出来事に対する推論や解釈のこともある。C は Consequence で，結果として起こった感情や行動上の悩みである。通常私たちは，何か不快な感情を感じると，「この嫌な感じは○○という出来事があったからだ」と考える。例えば，「こんなに不愉快なのは，さっき花子さんが私にひどいことを言ったからだ」というようにである。しかしエリスは，そうではないと考えた。確かに，嫌なことを言われれば誰もが不愉快であるが，この不愉快さの質と強さは，起こった出来事だけでは決まらない。むしろB，すなわち Belief（ビリーフ／信念）が重要であると考えたのである。ここでのビリーフとは，できごとに対するその人の態度や評価をともなった認知，思考，観念をさす。

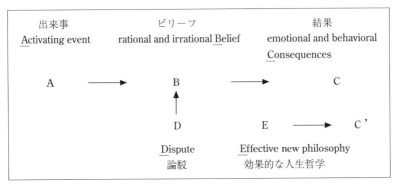

図8-1　認知をターゲットとした治療プロセス　ABCDE（Ellis, 1996）

　実際のセラピーでは，この ABC 理論はさらに ABCDE の枠組みへと拡張される（図8-1）。ABCDE の ABC は先に説明した ABC である。まず，クライエントの体験した出来事（A），結果としての感情や行動（C），その背景にあるビリーフ（B）を明らかにする。続いて，D は Disputing（論駁）であり，クライエントに論理的な質問をすることを通して，クライエントがもっている非理性的なビリーフ，すなわち自分で自分の首をわざわざしめるようなものごとの見方を論破する。例えば，「相手が常にあなたに気を使わなければならない理由はどこにありますか」などと尋ねるのである。

　多くの場合，クライエントは「彼女がどんなときにも私に気を使わなければならないと思っているわけではありません」と答える。もし本当にこのように考えているのであれば，それは理性的なビリーフである。確かに意識的には，このように考えているのであろう。しかし重要なのは，本当にこのように考えているのであれば，そのできごとがこれほどまでにクライエントの心を混乱させたりはしないだろう，ということである。私たちは，うまく振る舞えなかったときに落ち込むし，ひどい扱

い方をされれば怒る。しかし，その感情が日常生活に影響を与えるほど
の強さで，長い間続くのだとしたら，本当のところ理性的に考えてはい
ないのである。すなわち「彼女は私に気を使うのが当然である」と考え
ている可能性が高い。このように考えていないのであれば，クライエン
トは「悲しい」あるいは「残念だ」と感じるだろうが，そのことで自分
を「だめな人間だ」と評価したり，彼を「だめな人間だ」と評価したり
することはない。セラピーにおけるこのような洞察を通して，クライエ
ントはしだいに E：Effective new philosophy，すなわち効果的な新し
い人生哲学を獲得するのである。この例でいえば，「誰からも大切にし
てもらえるにこしたことはないけれど，人それぞれに事情がある。彼が
私をひどく扱ったからといって，私が価値のない人間になってしまった
わけではない。私の価値は，彼が私に示すふるまいとは別個のものだ。
それに，私を大切にしてくれる人もいる。」などが，効果的な哲学の例
としてあげられよう。これが ABCDE 理論である。すなわち，クライ
エントを苦しめたり，クライエントに不適応行動を生じさせている非理
性的な信念（B）を見つけ出し，それを論駁（D）して，クライエント
が人生に役立つ新しいものごとの見方（E）を手に入れるのを援助する，
というプロセスをまとめたものである。この ABC 理論は，このあと説
明する認知的再体制化という技法の背景理論となっている。

　ABC 理論の解説を終える前に，エリスの人間存在と行為についての
考え方を紹介しておきたい。エリスは，われわれは，ときには周囲の人
から受け入れてもらえない社会で生きている。だから《生きているから》
という理由だけで，何の条件もつけず自分を受け入れられるようになる
ことが重要である，と考えている。この主張のみを取り上げると，エリ
スが反社会的な行動をも許容しているような誤解を与えるかもしれな
い。しかし彼が受けいれているその対象は，「人間」であって「行為」

ではない。彼は「失敗は失敗であるし，悪い行為は悪い」と力強く言い放つ。しかし「だからといって，あなたの人間としての価値がなくなるわけではない」とさらに強く説いていくのである。この意味で，彼は徹底した人間尊重の立場に立っているといえる。

ところで，ここで解説した認知的再体制化は，日常生活に応用しやすい技法でもある。具体的には，以下のように用いる。まず，最近の出来事の中で不快な感情が続いているものを書きとめてみる。次に「私はできごとをどのように意味づけして，この不快な感情を強めそして長引かせているのだろうか」と自分に問いかけてみる。その出来事に対するあなたの認知を書いたら，「どう意味づけることで，より現実的に対処していけるだろうか」を考える。そして，この新しい認知を紙に赤字で書きとめ，声に出して自分に言い聞かせるように読んでみる。一例をあげておく。

> できごと：満員電車が急停車した際に，細いヒールで足先を踏まれた。それなのに，相手からは「すみません」の一言もない。足の指は内出血をして歩くとひどく痛む。
>
> 考えていたこと：なぜこんな目にあわなければいけないのか。本当についていない。いまどきの若者は謝るということもできないのか。絶対に許せない。思い出すたびに不愉快になる。
>
> 他の考え方：世の中は自分のために動いているわけではない。時には足を踏まれることもある。とりあえず次回からは「痛い」と声をあげることに決めよう。

どうにもならないことを，「許せない」と憤っていても不快感が増すだけである。いつも世の中の全ての人に大切にされなければならないと

考えていると，世の中は自分を中心に回っていないので，そう考えていない人より怒りを感じる回数が多くなる。「生きていれば，誰かに足を踏まれることだってある。満員電車の中での出来事だから，相手も足を踏んだことに気付かなかったのかもしれないし，こちらがどのくらい痛かったのかがわからなかったかもしれない。次に踏まれた時には，大きな声で『痛い！』とアピールしよう」。このように認知（とらえ方）を変えて，怒りに巻き込まれている時間を次回の行動を決意することに振り替えることで怒りを緩和することができる。

（2）情動的アプローチと行動的アプローチの基礎理論

本章では認知行動療法の中核的技法である認知的アプローチの基礎理論について詳しく説明したが，情動的アプローチの基礎理論としては，古典的条件付け理論（実森・中島，2000／2018）と感情ネットワークモデル（Dryden & Rentoul, 1991. 翻訳あり）をあげることができ，また行動的アプローチの基礎理論としては，オペラント条件付けと観察学習の理論（実森・中島，2000／2018）をあげることができる。いずれの理論も認知行動療法を理解する上では重要であるので，これらについてはしっかりと学習しておきたい。

3. 主要技法

認知行動療法で用いられる技法は，認知，感情，行動のどの側面をターゲットにしているのかによって，大きく3つに分けられる。しかしそれぞれは，ゆるく独立しながら相互に関連しあっており，その分類は厳密なものではない。

（1）認知的側面をターゲットとする技法

① 認知的再体制化

認知的側面からの技法として重要なのは認知的再体制化，とよばれる技法である。まず，自分の不快感情に関わっている認知／信念を見つけ出す。問題を抱えているクライエントの場合は，本人は自分を苦しめたり不適切な行動を持続させている認知（解釈）を正しいこととして固く信じているので，クライエント自身の力だけでそれを見つけ出すのは難しいことが多い。そこでセラピストと一緒に，問題となる認知を探り出す。次に，クライエントとセラピストが協力しながら，その認知の妥当性・正当性を検証する。この過程で，行動実験とよばれる手続きを用いることもある。例えば，「スピーチが嫌でたまらない。いつも失敗してしまい，聞くに堪えないものになる」と言うクライエントのスピーチ場面を，本人の承諾を得てビデオに撮り，クライエント自身がそれを評定した後，クライエントを知らない人とセラピストが評定する。さらにクライエント自身が，知らない他人のスピーチであると仮定して自分の映像を評定する，という実験を行なう。こうした実験の結果は，一般にクライエントが最初に自分について評定したものよりかなりよい評定になる。そこで，クライエントは事実にではなくて，自分の不適切な認知に苦しんでいたことに納得できるようになっていく。最後に，これまでの不適切な認知を，クライエントのこれからの人生に役に立つ新しい認知へと再構成していく。これが認知的再体制化である。

② 自己教示法

認知的体制化について勉強した学生から，次のような感想を聞くことがある。「どう考えればよいかはわかったのですが，出来事を前にするとそのように考えられず，ついいつものように考えて不快な気持ちに入り込んでしまいます。こんなときはどうしたらよいのですか」。このよ

うな場合に役立つのが，自己教示法という技法で，自分に役立つ新しい認知を自分に言い聞かせるものである。具体的には，いつもの不適切な認知が出てきたらすぐに，新しく決めた適切な認知を口に出して自分に言い聞かせる。簡単な方法ではあるが，不適切な感情は次第に弱まっていく。

　ところで，大切なプレゼンテーションの前，あなたは一体どんなことを考えているだろうか。自己教示に関する次のような実験がある。まず大学生にシャイネスを感じる場面を目を閉じて 1 分間イメージしてもらい，シャイネス（恥ずかしさ）と状態不安をそれぞれ質問紙で測定した。続いてその場面を 8 秒間イメージさせ，その後に渡したカードに記載されている文章を 1 分間，心の中で繰り返してもらい，その後すぐに，シャイネスと状態不安を測定し，これを 3 回繰り返した。この実験では肯定的自己教示，中性的自己教示，否定的自己教示を印刷した 3 種類のカードを用意して，ランダムに分けた 3 つのグループに 3 種類のカードのうちの一つを渡した。この実験での肯定的自己教示というのは「うまく話すことができなくても大した問題ではないし，相手が自分をどう思うかを気にすることはない。ありのままの自分を出せばよい」，中性的教示というのは「富士山の標高は3776mだ。○月×日は体育の日だ。日本の首都は東京だ。今年は△年で干支は□だ」，否定的自己教示というのは「私は面白みがない人間で相手もそう思うに違いない。相手の顔を見て話すのは恥ずかしいし，きっとこの人も私のことを変に思うに違いない」というような内容であった。この実験の結果を図 8 - 2，8 - 3 に示した。両図からわかるように，肯定的自己教示は読むたびにシャイネスの得点を下げ，不安の得点をあげることなく維持していた。それに対して否定的な自己教示は，1 回読むだけでシャイネスと不安の得点を大きく上げていた。スピーチの前に，そのスピーチをどのようにとらえてい

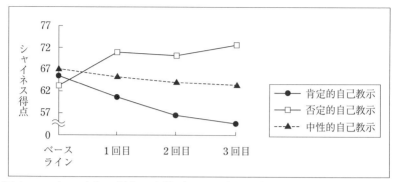

図8-2　シャイネス得点の変移（深沢，太田，根建，越川，廣田，1996）

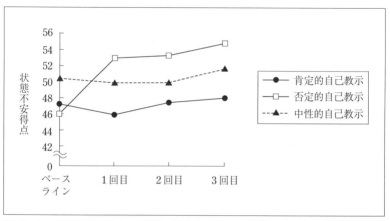

図8-3　状態不安得点の変移（深沢，太田，根建，越川，廣田，1996）

るのか，つまりどのような言葉を自分につぶやいているのかは，実はストレス反応に大きく影響するのである。興味深いのは中性的自己教示で，シャイネスと不安の両方で最初の得点をほぼ維持していた。この結果は，否定的なことを考えるくらいなら，全く関係ないことを考えるほうがよいということを示している。もちろんもっともよいのは「うまくやらな

ければならない」という考え方をせず，課題に集中することを助けるような言葉かけである。例えば，「だいじょうぶだ。上手下手は問題ではない。私が伝えたいと思っていることに集中しよう」と口に出して自分に言い聞かせることは役に立つ。適切な認知を自分に言い聞かせている間は，不適切な認知が意識に占める割合が少なくなるので，不適切な感情は弱まっていき，課題に集中しやすくなるのである。

　以上の認知的再体制化と自己教示法と関連する理論は，ABC（DE）理論と感情ネットワークモデルである。

（2）感情的側面をターゲットとする技法

①　自律訓練法

　ドイツのシュルツによって考案され，ルーテによって体系化された方法で，一定の自己暗示のことば（公式）を用いることで自律神経系の興奮を鎮め，身心をリラックスさせる技法である。身心がリラックスすれば，ものごとの解釈は現実に即したものとなり，衝動的な行動化は減少する。心療内科で用いられることの多い技法である。これについては，具体的なやり方が丁寧に解説されている本やビデオを参考文献に掲載したので，それらを使って是非実習していただきたい。

②　系統的脱感作法と現実脱感作法

　一般に，不適切な不安や恐怖に対して適用される技法である。系統的脱感作法は，クライエントを不安・恐怖と拮抗する状態，通常はリラクセーション状態にして，クライエントに不安・恐怖を誘発する力の弱いものから段階的にイメージさせ，リラクセーションと不快刺激を対呈示することによって，不安や恐怖反応を低減していく技法である。これに対して現実脱感作法は，イメージではなく現実場面で，不安や恐怖を誘発する力の弱いものから段階的に実際に直面させ，不安・恐怖反応を克

服していく技法である。治療効果は後者の方が優れているとされる。

　以上2つの技法と関連する理論は，古典的条件付けと感情ネットワークモデルである。

（3）行動的側面をターゲットとする技法
①　正の強化法

　望ましい行動の直後に正の強化子を与えることで，適応行動の頻度を増加させる技法である。この技法に含められるトークンエコノミー法は，決められた行動を行なうたびに一定のトークン（シールなど：代用貨幣という意味）を与え，一定の数になったら欲しいものと交換するものである。トークンがないと当該行動をしなくなることも考えられるので，併せて賞賛の言葉やその行動の意味を与えることで，この行動の意味づけを「何かがもらえるから行なう」から「（自分や他者に）良い行動だから行なう」にシフトしていくことが重要である。

②　シェイピング法

　目標とする行動を小さなステップに分け，強化の手続きを用いながら簡単なものから難しいものへと段階的に進めて，目標行動を身につけていく技法である。最初に無理のない容易な行動を目標として設定し，正の強化を与えることで，「自分もやればできる」という自己効力感（自信）を育てることができる。こうした自己効力感を基盤にして，次第に難しい行動にチャレンジしていく。この技法では，本人が自己効力感を感じていけるように，ちょっと頑張ればできるというステップを段階的に組み立てることが大切で，臨床家のセンスを問われるところでもある。

③　行動論的セルフコントロール法

　禁煙，減量，成績向上，習慣の改善，不注意行動の改善などに適用される。

a．刺激制御法

　不適切行動を誘発する刺激や状況を自分で変えることで，その行動化をコントロールする技法で，試験前はレンタル・ビデオ屋の前を通らない，勉強部屋には勉強と関係ないものを一切置かない，減量中は外出時に余分なお金を持たない，などがその例である。

b．セルフ・モニタリング

　自分の行動を自分でモニター（監視）することでコントロールする技法で，毎日喫煙本数を数えたり体重や勉強時間を測ったりするのがその例である。モニターした結果を自分で記録するのが自己記録法で，ただ数えたり測ったりするだけより効果がある。

c．自己強化法

　適切な行動ができたら自分に報酬（正の強化子）を与えることで行動をコントロールする技法で，放送大学の講義を視聴したら，美味しいお茶を入れて飲もう，というのがその例である。何をどこまで行なったら，どのような強化子を与えるのか，を事前に明確にしておくことが重要である。

　以上の3つの技法と関連する理論は，オペラント条件付けである。

④　モデリング法

　セラピストがクライエントに望ましい行動モデルを示して，それを観察させたり，観察したことを実際に行なわせたりすることで，クライエントの行動を適応的なものに変えていく技法である。例えば，非行仲間から誘われたときにどうそれを切り抜けるのか，あるいは自分の感情のコントロールを失いそうになったときに，どうやって精神の安定をとりもどすのか，などに関する具体的な対処の仕方をまず例示する。実際の介入では，多くの場合はセラピスト自身がやってみせ，それをクライエントに観察してもらう。日常生活で用いる場合は，積極的にモデルを探

して観察することもできる。例えば，「人付き合いがもっと上手になりたい」と思ったら，あなたの周囲で人付き合いが上手だと思う人を探す。そして，その人が他の人とどのように会話しているのかをよく観察し，自分も同じようにやってみる。やってみる中で，自分には向かないやり方だと感じることもあるが，やってみたら自分にもできることがわかったということの方が多いようである。つまり，これまでは具体的にどうすればよいのかということがわからなかっただけで，それがわかればできるようになることは意外に多いのである。

この技法と関連する理論は，観察学習である。

認知行動療法は，これまでに示した基本理論を背景に，以上のような具体的技法の数々をさまざまに組み合わせて，できるだけ高い効果が得られるように体系化され適用される。本章では主要な理論と技法のみをとりあげたが，興味のある方はさらに関連書籍で知識を深められたい。

4. 認知行動療法の展開

行動療法は現在第3ステージに入ったといわれている。第1ステージは外に現われた行動にターゲットを絞った行動療法であり，第2ステージは行動に大きな影響を与えるものとして認知を取り入れて体系化された認知行動療法である。そして現在，第3ステージとして，マインドフルネス認知療法やACT（Acceptance & Commitment Therapy）など，マインドフルネス瞑想を取り入れた介入プログラムが注目を集めている。これについては第9章で紹介する。

第2ステージといわれる認知行動療法と第3ステージといわれるマインドフルネスを中核とする心理療法は，互いに補完的な関係にあるとい

える。本章の認知的アプローチでは，認知，すなわち私たちがものごと
をどうとらえているのか，が精神的健康にとても大きな影響を与えてい
ることから，その内容を変えていくことが提案された。第 3 ステージと
言われるマインドフルネスは，これとは全く異なるアプローチをとる。
認知を，変えていく対象として扱うのではなく，観察する対象として扱
うのである。両方の理論と主要技法についての学習や実習を深めること
で，目の前のクライエントにより適切なアプローチを適切なタイミング
で提供していくことが期待される。

文献

Dryden, W. & Rentoul, R. (1991). *Adult Clinical Problems: A cognitive-behavioural
approach*. London: Routledge.　ドライデン , W. & レントゥル , R.（編）丹野義彦
（監訳）（1996）．認知臨床心理学入門．東京大学出版会.

Ellis, A. (1977). The basic clinical theory of rational-emotive therapy' in A.Ellis
and R. Grieger（eds）*Handbook of Rational-Emotive Therapy*, New York:
Springer.

Ellis, A. (1996). *Better, deeper, and more enduring brief therapy: rational emotive
behavior therapy approach*. New York: Brunner / Mazel Publishers.

Ellis, A. & Dryden, W. (1987). *Practice of rational-emotive therapy*. New York:
Springer.

実森正子・中島定彦（2000／2018）．学習の心理：行動のメカニズムを探る．サイ
エンス社.

深沢由美・太田ゆず・根建金男・越川房子・廣田昭久（1996）．自己陳述文の内容
がシャイネスの変容に及ぼす影響　日本行動療法学会大会発表論文集（22），96-
97.

越川房子（2006）．認知行動療法の基本理論と技法．刑政117巻 3 号．pp.24-39.

越川房子（監修）（2007）．ココロが軽くなるエクササイズ．東京書籍.

越川房子（監訳）（2007）．マインドフルネス認知療法．北大路書房.

越川房子・黒澤麻美（訳）(2012)．うつのためのマインドフルネス実践．星和書店.

小野けい子（編著）(2012)．心理臨床の基礎．放送大学教育振興会.

坂野雄二 (1995)．認知行動療法．日本評論社.

坂野雄二 (1999)．認知行動療法．心理学辞典．有斐閣.

佐々木雄二 (1984)．自律訓練法の実際．創元社．（別売 DVD：自律訓練法の実際
　創元社）

9 | 心理療法5 ―マインドフルネス―

家接哲次

《目標とポイント》 近年，仏教由来のマインドフルネスが臨床の現場で様々に活用されている。本章では，その幅広い活用法を概観する。
《キーワード》 マインドフルネス，瞑想，脱中心化

心理療法の1つである行動療法には，これまで3つの波が訪れている。第一の波が行動療法（Behavior Therapy：BT）の出現，第二の波がBTに「認知」を組み合わせた認知行動療法（Cognitive Behavioral Therapy：CBT）の出現，そして第三の波がCBTにマインドフルネス（Mindfulness）を組み合わせたアプローチの登場である。

1. マインドフルネスとは？

マインドフルネスは，仏教の教えである八正道の中の「正念」に由来している。パーリ語のsatiを英語で表現したのがMindfulnessであり，気づき，注意，覚えておくことを意味する。1979年に，カバットジン（Kabat-Zinn, J.）がthe Stress Reduction and Relaxation Program（のちに，Mindfulness-Based Stress Reductionに名称変更）を開発して以来，宗教的な要素を排除したマインドフルネスが臨床現場で用いられるようになった。特に，1995年にAttention Control（Mindfulness）Training（のちに，Mindfulness-Based Cognitive Therapyに名称変更）

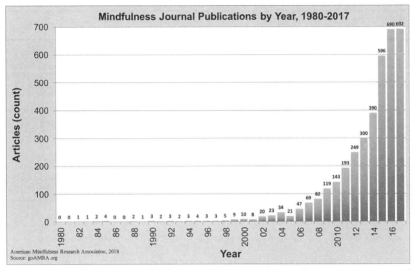

（出典：American Mindfulness Research Association）

図9-1　マインドフルネス関連論文数の年次推移

　が登場して以来，マインドフルネスに関する研究が増加し（図9-1参照），現在，世界中の大学（例：オックスフォード大学）が競ってマインドフルネスセンターを設立して，研究や普及に努めている。

　これまでマインドフルネスの定義は様々に提案されてきているが，臨床現場でマインドフルネスを使用する際に最も用いられる定義は「あるがままの状況に対して，意図的に，今のこの瞬間に，評価せずに，注意を向けることで生じる気づき」（Williams, Teasdale, Segal, & Kabat-Zinn, 2007）であり，本章でもこの定義を採用する。

2．マインドフルネスの練習

　このマインドフルネスを養うために，臨床現場では主に2種類の練習

（フォーマル練習とインフォーマル練習）が活用されている。

（1）フォーマル練習（formal practice）

　フォーマル練習とは，いわゆる「瞑想」をすることである。臨床現場で教えられる瞑想は，主に集中瞑想（focused attention meditation），洞察瞑想（open monitoring meditation），思いやりの瞑想（loving-kindness meditation）の3種類である。集中瞑想とは，特定の対象（例：呼吸）に意識を集中させる瞑想である。それに対して，洞察瞑想とは，体験をありのままに気づく瞑想である。思いやりの瞑想とは，自己および他者に対する思いやりを育む瞑想である。紙幅の都合で，ここでは集中瞑想（呼吸のマインドフルネス）の教示例（表9-1）のみを紹介する。

（2）インフォーマル練習（informal practice）

　インフォーマル練習とは，マインドフルネスを日常生活で実践することである。例えば，皿洗いをインフォーマル練習の対象にするのであれば，手に触れる水や皿の感覚，水の音，洗剤の香りなどを丁寧に観察しながら「気づき」の感性を磨いていく。それ以外でも，歯磨き，掃除，家族や同僚との会話など，日常生活のあらゆる活動がこの練習の対象になる。

　フォーマル練習とインフォーマル練習を一般的なスポーツで例えると，前者は筋トレ，後者は試合のようなものであり，両方をバランス良く行う必要がある。

（3）マインドフルネスの体現

　臨床現場にフォーマル練習やインフォーマル練習を導入する前に，治療者自身が実践することを重視されている。泳げない人が他人に水泳の

表9-1 「呼吸のマインドフルネス」の教示例

背筋を伸ばして座りますが，肩の力は抜いていきます。目は閉じても開けていても結構です。もし開ける場合は，優しく下の方を見つめていきます。

いつものように，自然に呼吸をしていきます。

呼吸を鼻の鼻孔で感じられるかもしれません。胸かもしれません。腹部かもしれません。また，別のところかもしれません。いずれの場所でも結構です。優しく呼吸を感じていきます。

息を吸いながら，空気が入ってくる様子に意識を向けていきます。

息を吐きながら，空気が出ていく様子に意識を向けていきます。呼吸は瞬間瞬間に存在します。ただ単に，呼吸に意識を向け続けます。息を吸います。そして，吐きます。

何かを思い浮かべたり，数を数えたり，息の出入りを分析したりする必要はありません。呼吸の自然な流れに対して，マインドフルになるだけでよいのです。ちょうど，寄せては返す波をみつめるように，呼吸を評価することなしに，ただ観察していきます。

他に何かをする必要もありません。リラックスをする必要もありません。呼吸とともに，今ここにいるだけでいいのです。

時々，意識が呼吸から逸れるかもしれませんが，これは自然なことです。心が逸れたことに気がついた時は，どこに心が逸れたかを確認した後，意識を優しく呼吸に戻します。何度逸れてもかまいません。逸れたことに気がつくたびに，優しく呼吸に戻していきます。

呼吸に意識を向けていきます。

（ベル）

表9-2　マインドフルネスの態度

評価しない	体験していることに対して解釈や批判をしない
初心	新鮮で生き生きとした関心をもつ
受容	体験していることを変えようとはせず，受け容れていく
信頼	自分の感覚，思考，感情，直感を信じる
力まない	一生懸命やりすぎない
忍耐	時間の経過と共に変化するままにする
解き放つ	役に立たない習慣や執着を手放す

指導ができないのと同じように，マインドフルネスの練習をしたことが
ない人が他人に伝えることはできないからである。まずは，治療者自身
が個人的にフォーマル練習とインフォーマル練習の両方を一定期間する
ことで，マインドフルネスの効果を実感し，さらにはマインドフルネス
の態度を身をもって示すこと（体現）が望まれている。そのマインドフ
ルネスの態度を表9-2に示す。

3. マインドフルネス指向の心理療法
（Mindfulness-Oriented Psychotherapy：MOP）

　現在，マインドフルネスは臨床現場で多様に活用されており，治療作
業にマインドフルネスを組み入れた心理療法を総称してマインドフルネ
ス指向の心理療法と呼ばれ，下記の3つに分類される（Germer, Siegel,
& Fulton, 2013）。

（1）マインドフルネスに基づいた心理療法

（Mindfulness-Based Psychotherapy：MBP）

臨床現場で瞑想を明確に教えるものであり，これまでに様々なアプローチが開発されている。

1）マインドフルネス・ストレス低減法

（Mindfulness-Based Stress Reduction：MBSR）

カバットジンによって慢性疼痛など通常の医療では対応しきれなかった疾患に対する代替治療として開発されたが，その後，不眠，心疾患など様々な疾患に応用されるようになった。MBSR は，8 週間の短期集中で実施されるグループセラピー（最大約35名が参加可能）である。セッション（各2時間半〜3時間）は毎週実施され，セッション6と7の間の週末に1日のサイレントリトリートも行われる（MBSR で実施される主な練習は，表9-3参照）。また，プログラム期間中は，宿題（45分程度のフォーマル練習および15分程度のインフォーマル練習）が課される。なお，プログラム開始前には事前面接が実施され，プログラムの説明，宿題の必要性などが参加者に伝えられる。

MBSR は米国マサチューセッツ大学医学部のマインドフルネスセンターを中心に発展し，今や世界各地の臨床現場で実施されている。そして，下記で紹介する様々な MBP の開発に大きな影響を与えている。

2）マインドフルネス認知療法

（Mindfulness-Based Cognitive Therapy：MBCT）

シーゲル（Segal, Z.），ウィリアムズ（Williams, M.），ティーズディル（Teasdale, J.）によって，反復性うつ病の再発防止のために開発された。MBCT は MBSR と CBT を上手に組み合わせており，プログラ

表9-3　マインドフルネス・ストレス低減法で行われる主な練習

1．レーズンエクササイズ
　一粒のレーズンをあたかも初めて出会ったかのように五感を使ってじっくりと観察する。このエクササイズ（「食べる瞑想」とも呼ばれる）はプログラムの導入時に用いられ，瞑想は神秘的なものではない，日常生活のあらゆるものがマインドフルネスの練習対象になる，自動操縦状態（心が上の空の状態で，活動を自動的に行っている状態）から脱却することで気づきが得られる，などを学んでいく。

2．ボディスキャン
　ヨガマットの上で仰向けになって練習することが多い。通常，足先から頭頂まで各身体部位に対して順番に意識を向けながら全身をスキャンする。この練習を通して，身体感覚をあるがままに感じていく，心のさまよいに上手に対応する，などを学んでいく。

3．静座瞑想
　椅子やクッションに座った姿勢で練習することが多い。静座瞑想の中には，呼吸に焦点を合わせる瞑想，身体，音，思考など焦点を移行させていく瞑想，自分に対する愛情を土台として他者にも愛情を向けていく思いやりの瞑想などがある。この練習を通して，集中力，洞察力，思いやりを養っていく。

4．歩行瞑想
　歩くという動作の一つ一つに丁寧に意識を向けていく瞑想。ゆっくりとしたスピードで歩きながら，体重の移動，筋肉の動き，バランスの取り方などに意識を向けていく。ボディスキャンで培った静止状態の身体感覚への気づきを土台にして，動いている状態の身体感覚に気づいていく練習である。なお，この練習を宿題として行う場合，通常のスピードで歩きながら全身の感覚に意識を広げながら行う。

5．マインドフルヨーガ
　ハタヨーガで指導されている幾つかのポーズをゆっくり，無理のない範囲で行う。歩行瞑想と同様に，動いている状態の身体感覚に気づいていく。この練習を通して，日常生活の様々な身体活動（例：服を着る時の身体の動きや感覚）に気づきを向ける，身体の声に耳を傾ける，自分を大切にする，などを学ぶ。

表9-4 マインドフルネス認知療法の各セッションのテーマと主な内容

セッション	テーマ	主な内容
1	自動操縦状態と気づき	自己紹介，レーズンエクササイズ，ボディスキャン
2	頭で生活してしまうこと	ボディスキャン，思考と感情のエクササイズ
3	散漫な心をまとめる	マインドフルヨーガ，3ステップ呼吸空間法
4	嫌悪を見極める	静座瞑想，歩行瞑想
5	ありのままでいる	静座瞑想，悪循環の花
6	考えている内容は，必ずしも事実ではない	静座瞑想，ストレスに上手に対応するⅠ
	サイレントリトリート	静座瞑想，マインドフルヨーガ
7	自分を大切する	静座瞑想，ストレスに上手に対応するⅡ，楽しさや達成感が得られそうな活動
8	今後も学びを深める	ボディスキャン，振り返り

ムの構成はMBSRとほぼ同じであるが（各セッションのテーマおよび内容は表9-4参照），参加者はMBSRより少なく（最大約15名が参加可能），各セッションもやや短い（2時間）。

また，実施される瞑想も少し異なる。例えば，MBCTでは思いやりの瞑想を実施しない。自己評価がなかなか高まらずに苦しんできたうつ病患者が自分に対する思いやりの瞑想をしようとすると，逆に自己評価を下げてしまう危険性があるからだ。また，MBCTでは，3ステップ呼吸空間法（3-Step Breathing Space）が提案されている。MBCT開

発時は，3分間呼吸空間法と呼ばれていたが，時間よりも3つのステップ（①今この瞬間の思考・感情・身体感覚に気づく，②呼吸に意識を集中する，③意識を全身に広げる）を重視した現在の形に変更されている。この練習を日常生活の中で数回することで，自動操縦状態から離れてマインドフルネスを意識した生活をおくることが可能となる。

　そして，MBCTではCBTの技法が組み込まれているが，その目的は「認知の内容」の修正ではなく，「認知との関係」の修正である。例えば，セッション2で行う「思考と感情のエクササイズ」では，あるシナリオ（「あなたは今通りを歩いています。そして，通りの反対側には，あなたの知り合いが見えてきます。あなたは笑って手を振ります。でも，その人は歩き去って行きます。」）を治療者が読みあげ，その状況を参加者に想像してもらう。そして，その時に湧き上がる思考と感情について何人かの参加者に発言してもらい，表9-5のような2カラム表を作成する。その後，気づいたことについて全体で話し合う。

　このエクササイズを通して，状況をどのように解釈するか（思考の内容）によって沸き上がる感情が異なる，1つの出来事に対する解釈は様々存在する，思考の内容は必ずしも事実ではないことなどを確認しながら，脱中心化（思考から一歩下がって見つめる）を学ぶ。さらに，ストレッサーに対する不適応的反応を確認する「悪循環の花」（セッション5），うつ病の初期症状に気づき，上手に対応することを学ぶ「スト

表9-5　参加者の発言の例

思考	感情
・その人はわざと無視した ・人違いかも ・その人は，考え事をしていて気がつかなかった	・怒り ・恥ずかしい ・心配

レスに上手に対応する」（セッション6＆7），行動活性化を促す「楽しさや満足感が得られそうな活動」（セッション7）なども実施される。

　寛解期のうつ病患者用に開発された MBCT であるが，双極性障害（Deckersbach, Hölzel, Eisner, Lazar, & Nierenberg, 2014），慢性疼痛（Day, 2017），心的外傷後ストレス障害（Sears & Chard, 2016），さらには健常者対象の Mindfulness-Based Cognitive Therapy for life（MBCT-L）（Bernard, Cullen & Kuyken, 2017）など，その応用も進んでいる。

3）マインドフルネスに基づいた出産と育児

　（Mindfulness-Based Childbirth and Parenting：MBCP）

　バーデキー（Bardacke, N.）によって，妊娠および育児期における母親とそのパートナーが抱える不安やストレスの緩和のために開発された。プログラムの構成は，MBSR とほぼ同じであるが，母親とそのパートナーが一緒にセッションに参加し（最大約14組が参加可能），宿題も一緒に行う。全10セッション（各セッション3時間）から構成され，出産前に9セッションまで終え，全員が出産を終えた後（約3か月後）に残りの1セッションを実施する。通常ボディスキャンは足先から頭頂へと上方向に意識を向けていくが，MBCP では出産を考慮して頭頂から足先へと下方向に行う。マインドフルヨーガは妊婦の身体に負担がかからないように配慮され，思いやりの瞑想では，最初に胎児の安全・健康を願う。また，アイスキューブ・エクササイズでは，アイスキューブを手の平の上に約1分間置く体験を通して，苦痛（身体的痛み）と苦悩（精神的痛み）の違いを理解し，陣痛に対する対処法を学ぶなど，出産に向けての準備ができるような工夫が凝らされている。

4）弁証法的行動療法（Dialectical Behavior Therapy：DBT）

　リネハン（Linehan, M.）によって，治療が難しいとされていた境界性パーソナリティ障害および慢性的な自殺傾向に対処するために，CBT と禅を組み合わせて開発された。クライエントや患者が抱えている問題を「変容する」と「受容する」という相反する関係を解消するために，1つ上の次元へと引き揚げるという「弁証法」が用いられる。DBT は，治療の動機づけのための個人セッション，スキルトレーニングのためのグループセッション，スキルを日常生活の中で般化させるための24時間電話対応，治療者のためのコンサルテーションで構成されている。スキルトレーニングでは，4つのモジュール（苦悩耐性，感情調整，対人関係，マインドフルネス）を扱う。そのマインドフルネス・モジュールの中では，3つの what スキルと3つの how スキルのトレーニングが行われる。what スキルは"何を"練習するかに関するもので，「観察」，「描写」，「関与」である。how スキルは，"どのように"練習するかに関するもので，「評価しない」，「一つのことに集中する」，「効率よく」である。

5）アクセプタンス・アンド・コミットメント・セラピー
　　（Acceptance and Commitment Therapy：ACT）

　ヘイズ（Hayes, S.）らによって開発されたアプローチで，機能的文脈主義（苦痛を取り除く必要のある異常とみなさない）を用いて，現実をありのままにアクセプトし，自らの価値に向かってコミットすることを重視している。治療の中では，下記の6点に焦点を当てている。①不快な体験から逃げるのではなく，ありのままに受け入れる「アクセプタンス」，②思考の内容は必ずしも事実ではないことを認識する「脱フュージョン」，③特定の自分概念にとらわれず，俯瞰して見つめることが

できる視座として自己をとらえる「文脈としての自己」，④今この瞬間に適切に接触する「今この瞬間に存在すること」，⑤持続的に取り組んでいきたいと思える方向性を明確にしていく「価値づけされた方向性を定義すること」，⑥価値に関与する「コミットされた行為」である。これら6つから構成される「心理的柔軟性」を高めていくことを目的とした援助が行われる。

　MBPには，ここで紹介した以外にも，アルコールや薬物の依存症再発防止のために開発された Mindfulness-Based Relapse Prevention（MBRP），過食性障害の治療のために開発された Mindfulness-Based Eating Awareness Training（MB-EAT），がん患者のストレス低減のために開発された Mindfulness-Based Cancer Recovery（MBCR），自他に対する思いやりを重視した Mindful Self-Compassion（MSC），さらにはマインドフルネスのスピリチュアルな側面を強調した第二世代のMBP（例：Meditation Awareness Training：MAT）などがある。なお，DBT と ACT は多くの治療技法の中の1つとしてマインドフルネスを使用しているため，下記で紹介する「マインドフルの知見を教示する心理療法」の範疇に入ると考える研究者（Shapero, Greenberg, Pedrelli, & Desbordes, 2018）もいる。

（2）マインドフルの知見を教示する心理療法
　　　（Mindfulness-Informed Psychotherapy：MIP）
　臨床現場で瞑想を指導するのが適当ではない場合（例：うつ病の急性期）は，下記のようなマインドフルネスに関する心理学的知見を伝えながら治療する方法が用いられる。

1）「過去・未来」（past or future）から「今この瞬間」（present
　　moment）へ

　脳内ネットワークのひとつであるデフォルトモードネットワーク
（Default Mode Network：DMN）は，脳を疲労させると言われている。
また，心があちらこちらにいってしまうマインドワンダリングは，心の
健康によくないことがわかっており（Killingsworth & Gilbert, 2010），
DMN との関連も指摘されている（Mason, Norton, Van Horn, Wegner,
Grafton, & Macrae, 2007）。過去を悔んだり，将来を心配したりすること
にエネルギーと時間を浪費するのを止めて，今この瞬間に意識を向ける
ことで心の健康を取り戻すことができる。

2）「抵抗」（resistance）から「受容」（acceptance）へ

　多くのクライエントや患者が訴える「苦しさ」について，まずそれを
苦痛（pain）と苦悩（suffering）に分ける。苦痛とは人生や日常生活の
中で避けることのできないストレッサー（ある大学生の例：期末試験）
であり，苦悩とは苦痛に抵抗する（例：勉強せずに，回避する）ことで
生じるストレス反応（例：憂うつ）である。これらの関係は，「苦悩＝
苦痛×抵抗」と表現できる。つまり，苦痛に対する抵抗が大きいと苦悩
は増し，抵抗が小さいと苦悩は減るのである。この大学生の場合，学期
末には試験があるという事実を受容することで，抵抗に使っていたエネ
ルギーと時間を建設的な方向で使うことができ，苦悩が減っていくので
ある。

3）「反応」（reaction）から「対応」（response）へ

　不快な体験に対して反応（衝動的，習慣的，自動的，非機能的な心身
の動き）することで精神的に不健康な状態になってしまう。そのため，

体験を一旦あるがままに受け入れることで，見晴らしのいいところ（vantage point）から，全体を俯瞰し，対応する（意図的に選択する）ことができる。これを繰り返すことで，様々な状況において自分で納得のいく選択ができるようになり，精神的な健康を取り戻すことができる。

（3）治療者のマインドフルネス（Therapist Mindfulness：TM）

　3つ目の MOP は，治療者がマインドフルネスを個人的に練習するだけに留め，臨床現場では特にマインドフルネスを指導せずに，通常治療をする方法である。これまで，治療者自身がマインドフルネスを練習することで，注意を集中させる力（Jha, Krompinger, & Baime, 2007），共感力（Shapiro, Schwartz, & Bonner, 1998）が向上することが示されてきている。Grepmair ら（2007）の研究では，治療者を瞑想群と瞑想なし群の2群にランダムに割り付け，両群とも同一の治療法をそれぞれの担当患者に行っている。9週間の介入後，瞑想をしている治療者の患者の方が有意に改善していることが示されている。この結果から，治療者が個人的にマインドフルネスを練習するだけでも治療に良い影響を与えることが示唆されている。

4. 最後に

　マインドフルネスは，治療者のバーンアウトの防止にも効果が示されている（Eriksson, Germundsjö, Åström, & Rönnlund, 2018）。そのため，カリキュラムにマインドフルネスの講座を導入している大学（例：ジョージタウン大学医学部）もある。このように，マインドフルネスは患者やクライエントだけではなく，治療者にとっても有益であることが，近

年マインドフルネスを用いたアプローチが大きく発展してきている主な
理由の 1 つと思われる。

引用文献

American Mindfulness Research Association Resources and Services. (Retrived from https://goamra.org/resources/)

Bernard, P., Cullen, C., & Kuyken, W. (2017). *MBCT for life teacher manual.* Oxford Mindfulness Centre.

Day, M.A. (2017). *Mindfulness-Based Cognitive Therapy for Chronic Pain: A Clinical Manual and Guide.* Wiley Blachwell.

Deckersbach, T., Hölzel, B., Eisner, L., Lazar, S.W., & Nierenberg, A.A. (2014). *Mindfulness-Based Cognitive Therapy for Bipolar Disorder.* Guilford.

Eriksson, T., Germundsjö, L., Åström, E., & Rönnlund, M. (2018). Mindful Self-Compassion Training Reduces Stress and Burnout Symptoms Among Practicing Psychologists: A Randomized Controlled Trial of a Brief Web-Based Intervention. *Frontiers in Psychology,* 16, 32–39.

Germer, C. K., Siegel, R. D., & Fulton, P. R. (Eds.). (2013). *Mindfulness and Psychotherapy* (2nd ed.). Guilford Press.

Grepmair, L., Mietterlehner, F., Loew, T., Bachler, E., Rother, W., & Nickel, N. (2007). Promoting mindfulness in psychotherapists in training influences the treatment results of their patients: A randomized, double-blind, controlled study. *Psychotherapy and Psychosomatics,* 76, 332–338.

Jha, A. P., Krompinger, J., & Baime, M. J. (2007). Mindfulness training modifies subsystems of attention. *Cognitive Affective & Behavioral Neuroscience,* 7, 109–119.

Killingsworth, M. A., & Gilbert, D. T. (2010). A Wandering Mind Is an Unhappy Mind. *Science,* 330, 932.

Mason, M. F., Norton, M. I., Van Horn, J. D., Wegner, D. M., Grafton, S. T., & Macrae, C. N. (2007). Wandering minds: the default network and stimulus-independent thought. *Science*, 315, 393-395.

Sears, R.W., & Chard, K.M.(2016). *Mindfulness-Based Cognitive Therapy for Posttraumatic Stress Disorder*, Wiley Blachwell.

Shapero, B. G., Greenberg, J., Pedrelli, P., de Jong, M., & Desbordes, G.(2018). Mindfulness-based interventions in psychiatry. *The Journal of Lifelong Learning in Psychiatry*, 16(1): 32-39.

Shapiro, S. L., Schwartz, G. E., & Bonner, G.(1998). Effects of Mindfulness-Based Stress Reduction on Medical and Premedical Students. *Journal of Behavioral Medicine*, 21, 581-599.

Williams, J. M. G., Teasdale, J. D., Segal, Z. V., & Kabat-Zinn, J.(2007). *The mindful way through depression: Freeing yourself from chronic unhappiness*. Guilford.

参考文献

Bardacke, N.(2012). *Mindful Birthing: Training the Mind, Body, and Heart for Childbirth and Beyond*, HarperOne.

Hayes, S.C., Follette, V.M., & Linehan, M.M.,(Eds.)(2004). *Mindfulness and acceptance: Expanding the cognitive-behavioral tradition.* 春木豊監修／武藤崇・伊藤義徳・杉浦義典監訳(2005). マインドフルネス&アクセプタンス. ブレーン出版.

Kabat-Zinn, J.(1990). *Full catastrophe living.* 春木豊訳(2007). マインドフルネスストレス低減法. 北大路書房.

近藤真前(2017). アクセプタンス&コミットメント・セラピーにおけるマインドフルネス, 精神科治療学, 32, 605-608,

Linehan, M. M.(1993). *Cognitive Behavioral Treatment of Borderline Personality Disorder.* 大野裕監訳(2007). 境界性パーソナリティ障害の弁証法的行動療法. 誠信書房.

Segal, Z.V., Williams, J.M.G., & Teasdale, J. D.(2002). *Mindfulness-based cognitive therapy for depression: A new approach to preventing relapse.* 越川房子監訳(2007). マインドフルネス認知療法. 北大路書房.

10 | 心理療法6 ―その他のアプローチ―

倉光　修

《目標とポイント》　この章では，これまで述べたアプローチに加えて，家族療法，森田療法，臨床動作法，遊戯療法，統合的心理療法を略述する。これらさまざまのアプローチに関心を持たれた受講生は，本書によって概要を理解するにとどまらず，こうしたアプローチに関する著書や論文を読み，さらに，できる限り当該アプローチの実践的訓練を受けることをお勧めする。
《キーワード》　家族療法，臨床動作法，森田療法，遊戯療法，統合的心理療法

1. 家族療法

　家族療法は，「1950年代の草創期には，個人療法と対比して「家族を集めて行う心理療法」を意味していたが，1970年代以降，「家族とは人々が相互作用して変化・形成するシステム」という考えを強調して「システムズ・アプローチとも呼ばれている」(平木, 2011)。システムは，通常，その中に下位のシステムをもち，また，上位のシステムに含まれる。さらに，システム間には相互作用が生じるので，ひとつのシステムにおける変化は，最終的にシステム全体に及ぶ。家族というシステムの上位にはコミュニティが，下位には家族の各メンバーがシステムとして存在しているので，家族療法では，家族内の個人も家族が所属するコミュニティもそれぞれ相互作用するシステムとして視野に入れるのである。また，家族療法では，家族というシステムにおいて，直線的因果関係ではなく，

A→B→C→A→B‥といった円環的ないし（悪）循環的相互作用が生じていることを読み取り，それに積極的に介入していくアプローチも開発された。

　この理論の基礎となった発見のひとつは，ベイトソン（Bateson, G.）が統合失調症者の家族に見出した「二重拘束（double bind）」的コミュニケーションである。これは，同時に相反するメッセージを伝えて，相手を（辛い状況から）逃れさせないようにする働きかけを言う。たとえば，母親がきわめて嫌そうな表情で「可愛い子，こっちにいらっしゃい」と呼びかけたり，暗に母親の意を伝えながら「自分のことは自分で考えて決めていいのよ」などと厳しい口調で言ったりすると，子どもはどうしてよいか分からなくなる（近づくと嫌がられるが，嫌われていると感じて母親に近づかないと「私が嫌いなの？」と言われる。あるいは，自分で考えた末に母親の意に添わない決断をすると「考えが浅いわね。本当によく考えたの？」などと侮蔑されるし，母親の意に添うように決めると支配されているように感じる）。このような矛盾した働きかけがくり返されると，子どもに病的な反応が出やすくなり，そのことによってまた親から非難・攻撃されて悪循環が生じ，やがて，子どもは IP（Identified Patient　患者とされた人）になることが多いというのである。もちろん，すべての統合失調症者の親がこうしたダブルバインドのメッセージを頻繁に行っていることが確認されるわけではないし，それが病の原因であるとも言い切れないのだが，家族にこうしたコミュニケーションの特徴が見出され，そのシステムに変化をもたらすことで症状が改善されるケースが見出されたことはたしかであろう。

　家族療法には多様なアプローチがあるが，ここでは，著名な臨床家をあげるだけにしよう。

　アッカーマン（Ackerman, N.）：早くから家族療法の有効性を提唱。

家族療法研究所を開設し，専門誌『ファミリープロセス』を発刊した。

　ボーエン（Bowen, M.）：親の養育態度（とくに知性と感情の未分化なありかた）が子に伝わっていく「多世代伝達過程」に注目し，多世代間家族療法を実践した。

　サティア（Satir, V.）：IPを含む複数の家族メンバーが参加する「合同面接」の有益性を明瞭に示した。

　ミニューチン（Minuchin, S.）：家族には，一般に，親と子の世代間（さらに親とその親の世代間）に境界が見出される。この世代間境界の構造が家族の発達過程に伴って十分に機能できていないとき，セラピストがそこに積極的に介入する技法「ジョイニング　joining」をミニューチンは積極的に実践した。彼のアプローチは「構造的家族療法」と呼ばれる。

　ヘイリー（Haley, J.）：ベイトソンが見出したダブルバインドを逆手にとって治療的に用いた天才的催眠療法家として，ミルトン・エリクソン（Erickson, M.）がよく知られているが，ヘイリーは彼に学んで，「戦略的家族療法」を開発した。治療的ダブルバインドとは，たとえば，「このまま変化しないように」といった指示を与えるといったアプローチである。クライエントは変化しなければセラピストの指示に従ったことになり，指示に反して肯定的な方向に変化すればそれも治療的になる。戦略的アプローチでは，症状や問題行動の肯定的側面を捉えるリフレーミング（再意味づけ）法もよく用いられる。

　パラツォーリ（Palazzoli, M.）：彼らが実践した「ミラノ派家族療法」では，ビデオに撮ったセッションをチームで分析したり，逆説的リフレーミングを用いたりしている。

　わが国の家族療法家としては，セルフ・アサーション技法を取り入れた平木典子，個人療法と家族療法の統合を図った中釜洋子，軽量紙粘土

法を開発した亀口憲治らがあげられる。

　ちなみに，近年，フィンランドの臨床心理士，セイックラ（Seikkula, J.）らは，精神病などの患者から援助要請があると，24時間以内に複数の専門家から構成されるチームを作り，患者の自宅などに出向いて隠し事をしないで話し合う「オープンダイアローグ」と呼ばれるアプローチを実践して，かなりの成果をあげている。このアプローチには，家族療法の考え方が大きく影響している。

2. 森田療法 （引用のページ数は，森田，1928/1960）

　森田療法は，森田正馬（まさたけ・しょうま）が，彼の言う「神経質」（心気症・不安障害などと重なる概念）の患者に対して実践したアプローチである。北西・中村（2005）によれば，森田自身も生来神経質で死の恐怖に苛まれ，大学時代には「心臓が悪いと思い」「パニック発作を経験」して「神経衰弱および脚気」と診断されたという。しかし，試験が近づいたときに，彼は必死に恐怖と戦いながら，「とりあえず，目の前の課題であった試験勉強に打ち込んだ」。すると，「症状は一時的に軽快し，試験の成績も意外に良かった」という。この体験は，恐れている事態に直面し，当面の課題に取り組むことが有益であるという後の確信につながったようである。

　医師になった彼は，パニック障害の患者に「ここで発作を起こしなさい」などと指示して，たった一回の面接で完治させることに成功したこともある。このような「恐怖突入」（家族療法の「症状処方」，行動療法の「暴露法」に通じる技法）が奏功することもあるが，通常，恐怖対象に対峙するには非常な勇気と決意が必要であり，外来での治療には限界がある。そういった事情もあってか，彼は自宅を開放して患者を「入院」

させ，そこで徹底した治療を行った。

　森田は，神経質の症状は，心気症の資質が「精神交互作用」によって悪化したときに顕現するとした。精神交互作用とは，「ある感覚に対して，注意を集中すれば，その感覚は鋭敏となり，その感覚鋭敏は，さらにますます注意をその方に固着させ，この感覚と注意とが相まって交互に作用して，その感覚をますます強大にするという精神過程」(p.29)である。したがって，その治療は，「いたずらに人工的の拙策を放棄して，自然に服従すべしということである」(p.86)。すなわち，恐怖や苦痛を「あるがまま」に受けとめていると，「その経過は山形の曲線をなし，ひと昇りひと降りして，ついに消失する」(p.99) ことを体験するのである（この機序はマインドフルネスとも通じる）。

　入院治療の過程は，おおむね四期に分けられる。すなわち，第一期は何もしないでただ横になっているように言い，第二期には軽い作業を，第三期には重い作業を許し，第四期には読書や外出を許可する。

　森田は，このようなアプローチを通して，長年の症状から解放された例を数多く紹介している。森田療法は現在では入院ではなく，外来の医療機関や民間の心理相談室などで実施されることが多い。また，体験者の自助会である「生活の発見会」が活動して，その効果を維持しようと努めている（横山，2005）。

3. 臨床動作法

　臨床動作法は，成瀬悟策が開発した「動作を手段とする心理療法」(成瀬，2013) である。略して「動作法」と呼ばれることも多い。彼は，脳性マヒのある青年が催眠状態においては手足がスムースに動くことを目の当たりにして，このアプローチを開発した。脳性マヒの場合，催眠時

に筋弛緩が起こっても，覚醒すると再びマヒが起こるので，成瀬はジェイコブソン（Jacobson, E.）の漸進弛緩法を工夫し，特定の筋肉を弛緩・緊張できるように，セラピストが自分の身体を使って支えたり，緩やかに圧力をかけたり，体感を伴う鮮明なイメージを描けるように働きかけたりする技法を洗練させていった。

　動作法を試みた結果，脳性マヒのために寝たきりであった子どもが初めてあぐら坐りができたときの様子を成瀬（1995）は次のように記している。

　　こちらの支えの手を離すと一瞬グラッと倒れかけた上体をグッと踏ん張って立て直し，（中略）ゆっくりと顔を回して右から左へ，あるいは左から右へと辺りをまさしく眺め回す。（中略）しかも，一人で坐れるようになった子はその後身心共に驚くほど急速な変化を示す。それまで弱々しくて幼かった表情や身のこなしがしっかりした逞しいものになってくる。他人に関心を示し，よくしゃべり，生活が積極的になる（p. 261）。

　このような成果が蓄積され，やがて，動作法は全国各地で行われるようになった。近年では，その適用範囲も広がって，脳卒中後遺症やダウン症，統合失調症や鬱病，自閉症や多動，心身症や PTSD などに苦しむ人々，あるいは，高齢者やスポーツ選手，さらには，災害の被害に遭った子どもの心理教育などにも用いられるようになってきている。

4．遊戯療法

　「遊戯療法」は，第7章で述べたロジャーズ派のアプローチだけでな

く，フロイト派のアンナ・フロイト（Frued, A.）やメラニー・クライン（Klein, M.），ユング派のカルフ（Kalff, D. M.）など多くのセラピストが実践している。認知行動療法においても，子どものキャンプなどで遊戯療法の要素が一部取り入れられることがある。絵画療法や音楽療法など広義に「芸術療法」とされるアプローチには遊びの要素が含まれるし，アセスメントに用いられるバウムテストや風景構成法も遊戯療法のなかで使うことができる。箱庭療法（底が青く塗られた砂箱にさまざまなミニチュアを置いて心の世界を表現する）やMSSM（Mutual Scribble and Story Making：クライエントとセラピストが互いのなぐりがきから見えてくるものを描き，作成された数枚の絵を用いてクライエントが物語を作る）などの技法も遊戯療法に含めてよいだろう。また，クライエントと共にスポーツやゲームをすることによって心理療法的効果が認められるケースもけっこう多い[注1]。

　ここでは，アクスラインのケースをもうひとつとりあげてみよう。アクスライン（Rogers & Axline, 1945）は，アーネストと名づけられた6歳の子どもの遊戯療法過程を次のように記述している。

　彼は3歳の時に洗剤を飲んでしまい，のどがただれて長期間入院することになる。母親は3年間で2回しか病院に面会に来なかったので，退院後，アーネストは養母に引き取られ，6歳の時点でアクスライン[注2]との遊戯療法が開始される。アクスラインとの関係性が育まれる過程で彼は次第に飲食ができるようになってゆき，アクスラインに手紙を代筆してもらって，母親に会いたい気持ちを伝える。彼女は保護者参観の日には学校に行くと約束したが結局は来なかった。アーネストは他児の母親を銃で撃つまねをし，アクスラインを指さして，「あれがぼくのお母さんだ」と叫んだ。それからしばらくして感謝祭の時にはこの母親はある男性と共にやって来て，アーネストを連れて帰る。しかし，何と，母

親は翌日の土曜日は一日中留守にし，日曜日には隣家の人がアーネストをバス停まで送ったのだという。

その直後のセッションは，怒りと悲しみに満ちていた。アーネストは金槌で釘を打ち，「この釘は罰をうけているんだ。ひどい目にあってる赤ちゃん釘，ママ釘，パパ釘」と叫ぶ。そして，彼は曲がった釘をアクスラインに差し出して「この老いぼれのあばずれ女を見ろ！」と叫ぶ。

アクスラインはこうした攻撃的な表現に対しても非難しない。そこでアーネストは，「先生は怒らないの？」と聞く。そして，「先生も（養母のRさんと同じように）ぼくの世話をしてお金をもらっている」「かってにぼくの世話をするがいいさ」と言う。これに対して，アクスラインは「あなたは，Rさんと先生が，ただの職業として，あなたの世話をしていると思うのね」「あなたを愛して世話してるのでないといやなのね」と返す。すると，アーネストは釘を一握り投げ捨て，アクスラインのひざに顔を埋めて号泣した。アクスラインは「さあ，アーネスト。思いきり泣きなさい。あなたは家へ帰ってみてがっかりしたのね」と言う。すると，アーネストは「先生はぼくを愛してるの」と聞く。アクスラインは応える。「そうよ。愛してるわよ。アーネスト」。

その後，アーネストは母親から来る手紙にろくに返事も書かず（当然であろう），アクスラインとの交流を続けて心理的に成長していく。

このようなケースで，放火や釘打ちのプレイが親への怒りや悲しみと関連していること，あるいは，セラピストに理想的な母のイメージが重ねられていることは明らかだろう（箱庭では，しばしば，マリア像や観音像がそうしたイメージを担う）。

ちなみに，わが国ではセラピストがクライエントに対して（たとえ幼子であっても）「愛している」と言うことはまずないだろう。むしろ，その感情を言葉にしないで，やさしく手を握るといったセラピストの方

が多いかもしれない。しかし，言葉にしてもしなくても，クライエント
に対して慈愛を感じないなら，そして，その気持ちがクライエントに伝
わらないのなら，遊戯療法は進まないように思われる。あるいは，遊戯
療法において何よりも重要なことは，一般的な価値観からするとネガテ
ィブな考えや感情が表現されたとしても，決してその気持ち自体を非
難・叱責せず，内的世界をありのままに受容・追体験しようと努めるこ
とではないだろうか。感情の受容は行動の許容ではない。遊戯療法にお
いても，自傷他害行為は制止される。しかし，クライエントの内界に潜
む苦しみや悲しみがきちんと受け止められることによって，家庭や学校
では抑圧されがちだった感情や考えが表現されるようになり，潜在的な
成長力・自己治癒力が開花して，症状や問題行動が緩和・消失していく
ように見えるケースは非常に多い。

5.　心理療法の統合

　21世紀に入った当初までに開発された心理療法のアプローチは，ある
程度名前が知られているものだけでも数百を超えていたと言われてい
る。しかしながら彼我を問わず，かなり多くのセラピストやカウンセラ
ーが複数のアプローチを（クライエントの状態や現場の要請に応じて）
折衷したり統合したりしているようである。このような動きのひとつと
して，1983年以来，ワクテル（Wachtel, P.）らによって設立された「心
理療法の統合を目ざす学会（Society for the Exploration of
Psychotherapy Integration：SEPI）」がある。

　わが国で，統合的心理療法を実践してきた臨床心理士としては，平木
典子，村瀬嘉代子，中釜洋子，東　斉彰，加藤　敬，前田泰宏らをあげ
ることができる。2019年には「日本心理療法統合学会」も設立された。

　ここでは，このような心理療法の統合によって生まれたアプローチの
ひとつとして，フォーシャ（Fosha, D.）が2000年に開発した AEDP
（Accelerated experiential-dynamic psychotherapy：加速化体験力動療
法）を紹介しよう。このアプローチは，精神分析の流れを汲むアレクサ
ンダー（Alexander, F.）の修正感情体験の理論と実践を源流とし，ジ
ェームス（James, W.）の変容理論，ボールビー（Bowlby, J.）の愛着理
論，ジェンドリン（Gendlin, E. T.）の体験過程，スターン（Stern, D.
N.）の情動調律などを取り入れたものである。このアプローチを日本に
紹介している花川ゆうこは河合隼雄の著作に感銘を受け，アメリカでは
ユング派のセラピーを受けたという。

　このアプローチでは，セラピストは，クライエントの感情反応を精緻
に捉え（tracking），その感情に身体反応としても波長を合わせ
（attunement），セラピストがクライエントに（親と異なる肯定的態度
を取ることで）安心感を与えることによって，潜在的感情の変化
（process）を促進し，本来備わっている自他への肯定的感情（コア感情）
が自然に現れてくるのを目指す。このアプローチでは，セラピストがク
ライエントに対する肯定的感情を開示することもよく行われる。

　このような点からすると，AEDP はロジャーズ派やフロイト派の一
部とかなり近いところもある。

　ちなみに，筆者も心理療法の個性的統合を進めている一人である。筆
者は森野礼一らからフロイトの理論を，東山紘久らからロジャーズ派の
アプローチを，河合隼雄らからユング派の理論と実践を学び，さらに動
作法や認知行動療法なども適宜取り入れ，近年ではマインドフルネスや
スピリチュアリティも視野に入れて実践を積み重ねている。

　ここでその理論とアプローチを簡略化して述べてみよう。まず，筆者
は心理的問題を大きく二分してとらえる。第一は「心の傷」や人生の苦

悩であり，第二は「心の病」の症状や問題行動である。私の臨床経験では，第二の問題の多くは第一のいわば「正常な苦しみ」から派生する。すなわち，多くの症状や問題行動は心が傷つく体験から生じたネガティブ・イメージ（回想や予想）とそれに伴う苦悩の再体験を回避し，さらに一部の基本的欲求を一時的に満たそうとする機能を有している。

　そこで私はさまざまな媒体（言語だけでなく，表情や動作，絵画や箱庭など）を通してこうしたネガティブイメージを推測し，その苦悩をできるだけ追体験しようとする。そして，クライエントが私にそのつらさを「（少しは）分かってもらえた」と感じると，（やや不思議なことであるが）その時点で取り得る望ましい行為[注3]や自己および他者の肯定的側面などのポジティブ・イメージが自然に浮かんでくる。後は望ましいと感じられた行為の実行を見守ることになる。症状や問題行動が世界のネガティブ・イメージの現実化を避けるために生じるとすると，サイコセラピー（魂の治療）は自己のポジティブ・イメージの実現を志すことによって進んでいくと言ってもよいだろう。

　ちなみに，私のアプローチでは（とりわけ，命の危機に直面するケースでは），クライエントが心の高層ないし深層に主体として存在するように感じられる源泉（宇宙・生命の源泉＝真の自己）からのエネルギーやメッセージをさまざまな媒体（イエスやマリア，釈迦や観音，恩師や亡くなった家族のたましいのイメージ，赤子や新芽，高山や大海，太陽や星々など）を通して受け取ることがあるという事実を尊重する（ただしある人にとっての聖なる媒体は，他の人にとっては全く聖性を持たないように感じられることも多い）。

　症状や問題行動がネガティブ・イメージを背景として生じるとしても，たいていのケースでは，その克服はポジティブ・イメージのみを抱いて生きていくことではない。むしろ，ネガティブ・イメージ（闇）に飲み

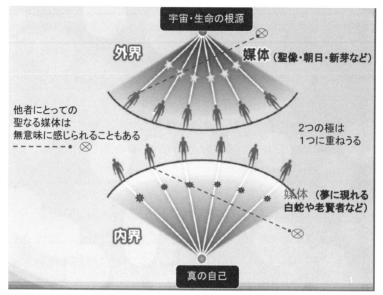

図10-1　二極の源泉と個々人をつなぐ媒体（小川・倉光，2017より）

込まれそうになる中で，ポジティブ・イメージ（微光）も見出すことである。それは，神（大自然）が私たちに災いと幸福を共にもたらすことを認識し，その上で超越的主体（宇宙・生命の根源／真の自己）との交流を通して高次欲求[注4]を満たす生き方に開かれることに他ならない。心の傷や心の病の克服とは，人生における心痛や苦悩をしっかりと受けとめ，その上で，同時により高次元の視座にも立てることと言ってもよいかもしれない。遠藤周作の言葉を借りると「くるたのしい」人生を体験しつつ，世界全体を俯瞰するのである。

　では，ここで，一つの事例をこのような視座から捉えてみよう。このクライエントは大学で研究を進めていくことに困難を感じ，大学をやめ

ようかと迷っていた。彼は私と外的な研究課題について語りあう一方で内的な世界を反映するような多くの箱庭を作った。最初の作品では，多くの動物たちが赤い橋の架かった川を渡り，「お休み処」のそばを通って，左向きに進んでいた。後になって考えてみると，動物たちは心のエネルギー，お休み処はカウンセリングルーム，左の方向には故郷のイメージが無意識に重ねられていたのかもしれない。

　次に示すのは，中期の作品の中央部である（図10 - 2）。

　老人とパンダが立て札のそばの温泉で話し合っている。動物たちは周囲にたたずんでいる。老人はセラピスト，パンダはクライエント，立て札は進路のイメージを彷彿させる。ちなみに，この作品の少し前の箱庭では，老人の位置に仏像が置かれていた。したがって【老人—セラピスト—大いなる主体】というイメージの重なりもありえる。

　その後，進路の迷いは故郷にいる家族の急病によっていっそう深刻さを増す。当時の作品を示す（図10 - 3）。

　雲の上のカンガルーは落下する危険があるが，下には消防士と担架が控えている。タヌキと青年も無事を祈っている。カンガルーは，（青年も）彼の一面であろう（タヌキはどこかセラピストと重なるのだろうか）。そして，約１年後，（落下した）カンガルーが救助される作品が作られる（図10 - 4）。

　やがて彼は，マンダラ様の作品を作り，大学をやめて故郷に帰り，病が治癒した家族と共に働き始めた。その後，いただいている年賀状では，持ち前の誠実さで健やかに暮らしているようである。

　このケースでは，箱庭を導入した統合的アプローチの過程で，進路選択の問題が解決されていったとみることができる。上記の箱庭からすると，クライエントは研究生活から「ドロップアウト」したと思われる方もおられるだろう。しかし，何も研究者だけが立派な職業ではない。あ

図10-2　　　　　　　　（鍋島ら，2008より）

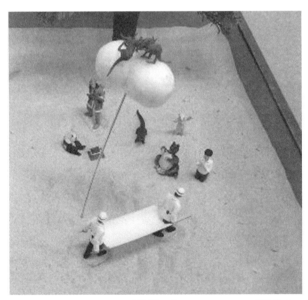

図10-3　　　　　　　　（鍋島ら，2008より）

図10-4

るいは，就職して「会社人」にならなくても，すべての人は，この社会
を構成する一員という意味では「社会人」である。我々個々人はこの社
会で生きていく中で，たとえ深刻な苦悩に苛まれたとしても，セラピス
トなどの「よき理解者」に胸の内を語り，（時には超越的主体とつなが
るイメージとも交流して）より望ましい生き方を見出す可能性に開かれ
ている[注5]。少なくとも，このクライエントの歩みはこのように捉える
こともできるのではないだろうか。

〉〉注

注1）遊戯療法では，象徴的表現を通してクライエントの心の傷や苦しみ，潜在的
　　　願望を推測することが非常に重要である。ちなみに，家庭に強い葛藤がある子
　　　どもの絵では，家の屋根が三角形で赤く塗られることがしばしばあるように思

われる．三角形は葛藤を，赤い色は強い感情や危険を反映することが多い．

注2）この論文ではセラピストは教師になっているが，実際はアクスラインであったのだろうと訳書に記されている．

注3）ここでいう「望ましい行為」とは，クライエントの価値観に照らして「望ましい」と感じられる行為（私の用語では「個人的当為」）であって，クライエントが所属する集団の「規律」や「常識」に反する場合もある．しかもそれはより普遍的な価値観には沿うように感じられることが多い．

注4）ここで言う「高次欲求」とは，倫理的欲求，創造欲求，知的欲求，援助欲求などを指す．一方，「基本的欲求」とは，愛情欲求，優越欲求，支配欲求，性的欲求などである．

注5）近年，宗教団体の教義や儀式，宗派には束縛されないが，スピリチュアリティ（精神性）は大切にするという人々が，"SBNR"（spiritual but not religious）ないし SBNA（spiritual but not affiliated）と呼ばれることがある．倉光のアプローチは，スピリチュアリティを視野に入れるとき，このような考えに近い．
　　地球が球体であるという物理的真実と，私たちが立っている大地が平面のように感じられるという心理的真実は決して矛盾しない．心理学では常識であるが，夕日は天頂の太陽よりも大きく見えるし，雑踏の中でも自分の名が呼ばれると気づきやすいものである．本書で私が「神」や「超越的主体」，「たましい」や「真の自己」といった概念で指し示そうとしているのは，物理的現象ではなく心理的現象である．一部の人々は，聖者やスピリチュアルオブジェクト（霊山や神木など），ないし，それらのイメージを貫いて神やたましいの存在を実感する．そして，その実感に伴って心理的安定がもたらされるのである．

文献

Axline, V. (1964). *Dibs in Search of Self*. 岡本浜江（訳）(1972). 開かれた小さな扉—ある自閉児をめぐる愛の記録．リーダース・ダイジェスト．

Axline, V. (1947). *Play Therapy: The inner dynamics of childhood*. 林治夫訳 (1959, 1972). 遊戯療法．岩崎学術出版社．

東斉彰・加藤敬・前田泰宏 (2014). 統合・折衷的心理療法の実践—見立て・治療関係・介入と技法．金剛出版．

Chethik, M. (1989). *Techniques of Child Therapy: Psychodynamic Strategies*. 斉

藤久美子（監訳）名取琢自・吉岡恒生（訳）（1993）．子どもの心理療法―サイコダイナミクスを学ぶ．創元社．

平木典子（2011）．家族療法．日本心理臨床学会（編）．心理臨床学事典．pp. 64-65.

伊藤良子（編）（2017）．遊戯療法―様々な領域の事例から学ぶ．ミネルヴァ書房．

北西憲二・中村敬（編著）（2005）．森田療法．ミネルヴァ書房．

Kalff, D. M. (1996). *Sandspiel: Seine therapeutiche Wirkung auf die Psyche.* 山中康裕（監訳）河合隼雄（解説）（1972）．カルフ箱庭療法（新版）．誠信書房．

高良武久（監修），大原健士郎（編）（1977）．現代の森田療法―理論と実際．白揚社．

河合隼雄（1993）．物語と人間の科学．岩波書店．

倉光修（1995）．臨床心理学．岩波書店．

小川俊樹・倉光修（編）（2017）．臨床心理学特論．放送大学教育振興会．

Minuchin, S. (1974). *Families and family therapy.* 山根常男（監訳）（1984）．家族と家族療法．誠信書房．

森田正馬（1928, 1960）．神経質の本態と療法―精神生活の開眼．白揚社．

鍋島直樹・海野マーク・岡田康伸・倉光修（編）（2008）．心の病と宗教性―深い傾聴．法蔵館．

中釜洋子・野末武義・布柴靖枝・無藤清子（2008）．家族心理学―家族システムの発達と臨床的援助．有斐閣ブックス．

成瀬悟策（監修），はかた動作法研究会（編）（2013）．目で見る動作法［初級編］．金剛出版．

成瀬悟策（2009）．からだとこころ．誠信書房．

成瀬悟策（1995）．臨床動作学基礎．学苑社．

小川俊樹・倉光修（2017）．臨床心理学特論．放送大学教育振興会．

Rogers, C. & Axline, V. (1945). *A teacher therapist deals with a handicapped child.* 畠瀬稔（訳）（1970）．担任教師による身体障害児の治療．ロージァズ全集第5巻．岩崎学術出版社．

鈴木知準（1986）．神経症はこんなふうに全治する―森田療法の道．誠信書房．

鶴光代（2007）．臨床動作法への招待．金剛出版．

田中千穂子（2011）．プレイセラピーの手引き―関係の綾をどう読み取るか．日本評論社．

West, J. (2002). *Child Centered Play Therapy.* 倉光修（監訳），串崎真志・串崎幸代（訳）（2010）．子ども中心プレイセラピー．創元社．

11 コミュニティ・アプローチ

小林真理子

《目標とポイント》 「コミュニティ・アプローチ」（臨床心理学的地域援助）
は，「臨床心理アセスメント」「臨床心理面接」に次ぐ，心理臨床活動の第三
の柱と位置づけられている。本章では，コミュニティ心理学を基盤とするコ
ミュニティ・アプローチの理念やコミュニティで活動する心理臨床家の基本
姿勢，代表的な介入法について概説する。また，予防という観点から，コミ
ュニティにおける子育て支援活動について紹介する。
《キーワード》 コミュニティ・アプローチ，予防，危機介入，コンサルテー
ション，ソーシャルサポート・ネットワーキング，子育て支援

1. コミュニティ・アプローチとコミュニティ心理学

　私たちの生きている現在の社会は，地球規模での災害や事件・事故が
多発し，社会体制や環境の大きな変化に見舞われている。またそれに呼
応して，さまざまな心理社会的問題が噴出し，心理的なケアを必要とす
る人々が急増しており，これまで以上にコミュニティ全体で取り組んで
いく必要がある。

（1）コミュニティ・アプローチとは

　コミュニティとは，地理的区分としての地域社会をさすにとどまらず，
「人々が共に生き，それぞれの生き方を尊重し，主体的に働きかけてい
く生活環境システム」を意味している（山本，1986）。

　コミュニティ・アプローチとは，「臨床心理学的地域援助（臨床心理地域援助）」と呼ばれることもあり，さまざまな定義づけがなされてきたが，ここでは，わが国におけるコミュニティ心理学のパイオニアの一人である山本（2001）の定義を紹介する。

　「臨床心理学的地域援助とは，地域社会で生活を営んでいる人びとの，心の問題の発生予防，心の支援，社会的能力の向上，その人びとが生活している心理的・社会的環境の整備，心に関する情報の提供などを行う臨床心理学的行為をさす」

　コミュニティ・アプローチとは，問題を抱えた個人に対する心理的支援だけでなく，家庭や学校，職場等，その人をとりまく周囲の人々や組織に働きかけて，さらには予防・教育活動を含んだコミュニティケアの視点から，心理的援助活動を行うことであるといえる。そして，その基盤となる考え方と方法論を提供しているのが「コミュニティ心理学（community psychology）」である。

（2）コミュニティ心理学の発想

　コミュニティ心理学の発想は，「第三次精神医療革命」といわれる地域精神保健の流れから生まれ，1965年にボストンの郊外にあるスワンプスコットで開かれた「地域精神保健に携わる心理学者の教育に関する会議」（通称「ボストン会議」）において，コミュニティ心理学の旗揚げがなされた。1963年に，アメリカでは「地域精神保健センター法」が制定され，精神保健の総合的な地域社会へのサービスが公的に認められたことにより，精神病院や相談室の中で仕事をしていた心理臨床家は，地域精神保健センターに出ていき，個人の心の悩みへの援助だけではなく，貧困，人種差別といった地域社会そのものが抱えている問題に対処することになった。この地域精神保健の展開から，心理学者が独自に取り組

むべき領域として，医学モデルを超えた「コミュニティ心理学」の領域が設定されたのである。一方，わが国のコミュニティ心理学の出発点は，1975年4月に九州大学で開催された第1回コミュニティ心理学シンポジウムであった（山本，2004）。

箕口（2011）は，コミュニティ心理学は「コミュニティ介入」に関する心理学的諸科学の総合領域であり，次の3点において，きわめて革新的で実践的な心理学であると述べている。

① 社会的システムや環境面の人間行動に及ぼす力を重視していること。

② 人と環境の適合を図り，人々のコミュニティにおける生活の質の向上をめざして，社会環境の変革へ向けての介入方法や方略を考え，実際にコミットすること。

③ その介入方法や戦略の基礎となる研究について，新しいパラダイムを模索しながら進めていこうとすること。

2. コミュニティ・アプローチの基本姿勢

（1）コミュニティにおける心理臨床家の基本姿勢

コミュニティにおける心理臨床家（「地域臨床家」）の基本姿勢を，個人療法を主とする「伝統的心理臨床家」との対比でまとめた，山本（1984）の表を紹介する。それぞれの心理臨床家の姿勢や特性の違いが一目瞭然であるが，コミュニティ・アプローチを行う臨床家が，個人臨床を否定しているわけではないことは，次のような記述からも理解される。

「この基本姿勢は個人療法から入った著者自身の地域精神衛生活動をとおしての広がりを示している。……左側の姿勢も必要に応じてとりな

がらも，とくに地域社会の活動に参加する場合にとっている基本姿勢が
右側なのである」（山本，1986）。

実際の臨床においては，両方の視点を持ちつつ，自分が今どの位置で

表11-1　コミュニティにおける心理臨床家の基本姿勢

(山本，1984より引用)

	伝統的心理臨床家	対	地域臨床家
視点と姿勢	1．個人を対象	------	集団，マス，地域社会を対象
	2．治療	------	予防，教育
	3．専門家中心の責任性	------	地域社会中心の責任性
	4．病気	------	来談者の生活，生きざまの構造
	5．疾病性（illness）	------	事例性（caseness）
	6．病気の治療	------	心の成長促進
	7．セラピー	------	ケアを基盤
	8．パタン化したサービス	------	創造的なサービス
	9．単一のサービス	------	多面的，総合的サービス
	10．一人でかかえこむ	------	ケア・ネットワークづくり
	11．サービスの非連続性	------	サービスの連続性
	12．専門家のみ	------	非専門家，ボランティアの尊重と活用
役割	13．個人への介入者	------	システムへの介入者
	14．個人の評価者	------	システムの評価者
	15．セラピストまたはカウンセラー	------	コンサルタント，オルガナイザー　教育者，ファシリテイター
援助構造	16．個人の現在から過去へ（現在→過去）	------	個人の現在から未来へ（現在→未来）
	17．時間構造	------	空間構造
	18．弱い側面の変革	------	強い側面の活用と強化，資源の利用
	19．個人の内面への働きかけ	------	環境への働きかけ
	20．深入り	------	深追いしない，見守り
	21．よろいをはぐ	------	よろいを大切にする
	22．距離の固定	------	距離の柔軟性

クライエントと関わっているのかを意識しながら，クライエントの抱える問題の性質に応じて柔軟に，必要な援助を提供していくことが肝要であろう。

コミュニティ・アプローチとは，心理的な問題を抱えているクライエントを，その人を取り巻く地域・社会・組織との関係の中で理解し，その関わりの中で援助していくことであり，究極の目標は，個人の健康と同時にコミュニティ（組織・社会）全体の健康度を増していくことであると考えられている。

また，山本（1986）は「地域臨床家にとってのコミュニティの価値的・態度的意味」として以下の4点を提示している。

① 人間を全体としてとらえる。

② 共に生きよう，共に生きているのだ。

③ それぞれの人が，その人なりにいかに生きていけるのか。けっして切り捨てのない社会をどう追求するのか。

④ 自分たちの責任で生きよう。われわれ一人一人の主体的参加が大切である。

それまでのより個人の内面に重きを置く伝統的な心理臨床から，コミュニティ・アプローチという新たなパラダイムへの転換への宣言のようにも受け取れよう。これらを実現することは容易なことではないが，コミュニティ援助を行う心理臨床家がよって立つ基本的態度として胸に刻んでおきたい。

（2）コミュニティ・アプローチの理念と目標

コミュニティ心理学に基づく地域援助活動を展開するにあたって重要な理念・目標として，以下の9点について，山本（1986），箕口（2011）を参考に説明する。

① コミュニテイ感覚をもつこと

　援助者も被援助者も共に地域コミュニティの一員であるという感覚を大事にすることである。例えば，災害被災者の支援においては，被災者をその困難な状況に生きる生活者としてとらえ，専門家を名乗らない関係の中で，求められる援助を提供していくことが効果的な支援につながっていくという。

② 人間の行動は社会的文脈のなかにあるという認識をもつこと

　クライエントを理解する際に，個人の内面に目を向け理解していくことも大切であるが，その人を家族や組織，社会システムの一員として，それらとの関わり，つまり社会的文脈の中でとらえて理解することが必要である。例えば，子どもの不登校を理解する際，本人の内的要因だけではなく，クラスメートや教師との関係，クラス内に生じているいじめ，学校全体の体制等，環境とのかかわりも把握する必要があろう。

③ 悩める人の援助は地域社会の人々との連携で行う

　心理臨床家の面接室での援助は通常多くても1週間に1時間程度であり，クライエントのすべての生活時間を支えることはできない。そこで生活者としてのクライエントを支えるためには，専門家だけではなく，その人が生活を営んでいる地域コミュニティの人々との連携の中で行われる必要がある。

④ 予防を重視すること

　個別の心理療法は生じている心の問題を解決するために重要であるが，問題が生じないように予防的な対策をすることは，より多くの人々に役立つことになろう。予防的な活動として，ストレス軽減のためのストレス・マネジメント教育や子育て支援の一環としての親教育プログラム等が実施されている。

⑤ 強さとコンピテンスの重視

　弱いところを改善し修復しようという「医学モデル」の発想ではなく，強いところをさらに強化してコンピテンス（有能さ）を向上させるような「成長発達モデル」に基づく支援をしていく。さまざまなソーシャルサポートグループはこの考えに基づいている。

⑥ エンパワーメントの重要性

　被援助者の元々もっている潜在的な力を引き出し発揮できるようにすることは，コミュニティ・アプローチの重要な目的である。それは，社会的に弱い立場に置かれた人々が，自分で行動を決定しコントロールし，生きる意味を見出していくことであり，自己の権利を主張できるようにと援助することである。

⑦ キュア（cure）からケア（care）へ

　コミュニティ・アプローチにおいては，問題の解決，症状の除去といったキュア（回復・治癒）を目的とするのではなく，キュアの及ばない人々へのケアを大事にする。治癒が望めない病気や障がいを抱えている人々への援助，高齢者の心のケアなど，抱えているものを共に見つめ，生きる意味を見出し，受容的・共感的にケアの精神で支援し続けることである。

⑧ 黒子（脇役）に徹すること

　コミュニティ・アプローチにおける専門家は，歌舞伎の舞台進行の介添えをする「黒子」のように，表に出ないで支える役割に徹する必要がある。ソーシャルサポートグループ等を運営し支え合うのは，グループに参加しているメンバー同士である。メンバーが主役であり，専門家は脇役として，グループのニーズを把握し，必要な時に援助の手を差しのべるだけであるが，その存在は安全と安心をもたらす重要な働きをしている。

⑨　非専門家との連携と協働

　コミュニティ・アプローチを行う心理臨床家は，精神科医やソーシャルワーカーといった他職種の専門家との連携や協力だけでなく，非専門家との連携や協働を積極的に行う。被援助者にとって，身近な非専門家である援助者のほうが親しみやすく援助を求めやすい存在になる場合がある。専門家の役割は，こうした非専門家の人々に，支援に必要な問題の理解や方法を伝授しながら，ボランティアの養成やセルフヘルプ・グループ等の協力体制づくりをしていくことである。

3.　コミュニティ・アプローチの方法

　コミュニティ・アプローチの代表的な介入方法として，予防，危機介入，コンサルテーション，ソーシャルサポート・ネットワーキングが挙げられる。なお，予防については次節で紹介する。

（1）危機介入

　キャプラン（Caplan,G.）は，危機状態を，人生上の重要課題に遭遇して当人がこれまで用いてきた対処方法では克服できない場合に，一時的に生じる情動の混乱と動揺をきたす状態と規定している（Caplan, 1961）。そのような事態に陥った人に対して，これは病気ではないという考え方に立って，援助者主導で積極的に援助を行うことを，危機介入（crisis intervention）という。危機介入の目的は，危機状態に陥った人の心のバランスをできるだけ早く元の状態に回復できるようにすることである。自殺予防に端を発した「いのちの電話」を代表とする電話相談活動は，この危機介入の考え方が基盤になっている。

　危機状態が発生するのは，その人が恐ろしい脅威にさらされたり，重

要な他者を喪失したり，新しい状況に挑戦したりする時であり，その状況で新たな対処方法を学び身につけることができれば，危機状態が人を成長させることもある。こうした意味から，危機はネガティブなものとは限らず，成長可能性（growth promoting potential）を有していると考えられる。

　危機状態にある人への介入プロセスは，① 危機のアセスメント，② 信頼関係をつくる，③ 問題を認識させる，④ 問題と取り組ませる，⑤ 決断させ継続的支援を約束する，⑥ 地域（コミュニティ）全体が支援する，という 6 つの段階に分けることができる（箕口，2011）。そして支援の終わり方としては，再び問題が生じたときには，いつでも対応できる体制で終わりとすることが望ましいとされる。

（2）コンサルテーション

　コンサルテーションとは，ある専門家（コンサルタント：consultant）ともう一人の専門家（コンサルティ：consultee）という 2 人の異なった領域の専門家の間で行われる相互活動である。

　学校臨床を例に考えてみると，スクールカウンセラー（SC）が直接生徒に対して心理面接を行う場合は，その責任は SC の側にある。一方，自分のクラスの問題を抱えた生徒への関わりについて困っている教師が心理の専門家である SC に助言を求めて，コンサルテーションが開始されることがある。SC はコンサルタントとして，教師から事情を聴いて話し合い，教師が生徒の問題を理解し効果的に対応できるように，臨床心理学的な立場から助言して援助する。また，今後自分たちの力で同様の問題の解決に取り組めることを目指して援助を行う。生徒に直接働きかけるのは，コンサルティである教師であって，介入の責任はコンサルティの側にある。

　コンサルテーション関係のもつ基本的特徴は，① 異なる領域の専門家同士の間で行われる対等な関係である，② 始まりと終わりがはっきりしている，③ コンサルタントは原則として局外者である，④ 課題中心で成り立つ，という 4 点に集約される。大切なのは，コンサルティもコンサルタントも共に専門家であって両者間に上下関係はなく，コンサルテーションは問題の解決に向けてどのように取り組むかに焦点が当てられ，コンサルティのカウンセリングをしたり，スーパーバイズをしたりする関係ではないということである。

（3） ソーシャルサポート・ネットワーキング（社会的支援づくり）

　人は，家族，学校の友だち，職場や近隣の人々の中で，支えられたりストレスを受けたりしながら生きている。コミュニティを共有する人々との間で生じる人間関係で，肯定的な側面をとらえようとする概念を「ソーシャルサポート（social support）」という（高畠，2011）。人間関係から提供されるソーシャルサポートは，問題解決に必要なものや情報を提供する「道具的サポート」と，寄り添って話を聞いたり励ましたりして情緒的な働きかけをする「情緒的サポート」に分けられ（橋本，2005），このようなソーシャルサポートを用いて人を援助する方法を，コミュニティ心理学では「ソーシャルサポート・ネットワーキング」と呼んでいる。これは個人の内面に働きかける心理療法とは異なり，クライエントを取り巻く人間関係という環境に働きかけることを中心とするアプローチであり，「人と環境の適合（person-environment fit）」をめざすコミュニティ心理学に基づいた重要な援助の方法である。

　コミュニティで活動する心理臨床家は，以下のような方法で，クライエントを支える周囲の人々との協働による援助を行っている（丹羽，2007）。

① 周囲の人々との面接やコンサルテーションを通して，既存のネットワークからサポートを引き出す。

② 既存のネットワークからサポートが得られない場合は，新しいサポート源をクライエントにつなぐ（医療機関，療育機関，NPO，ボランティア組織に紹介する等）。

③ 必要なサポート資源が存在しない場合には，新しいサポート資源をつくる（ピア同士をつなぐ，セルフヘルプ・グループの立ち上げと運営に協力する等）。

④ サポート・ネットワークを調整する（役割の話し合い，連携等）。

4. 予防活動としての子育て支援

多難な現代において，コミュニティ・アプローチが必要とされている領域は，医療，福祉，教育，地域社会における問題など多岐にわたる。子育て支援は，多くの領域にまたがる心理臨床実践であり，障がいや困難を抱える子どもの心理的援助のみならず，子どもの育つ環境を整え健全に育てるという地域に根ざした関わりが求められる。

先に述べたように，コミュニティ・アプローチにおいては，「治療よりも予防」という基本理念が共有されている。問題が深刻化した状態での治療的対応はもちろん重要であるが，こじれた問題や関係を解消するには多くの時間と心的エネルギーが必要であり費用もかさむ。子どもの健全な育ちを支えるためには，問題が深刻化する前に働きかけること，つまり予防活動がきわめて重要である。

キャプランは，公衆衛生学の予防という概念を精神医療に取り込み，「予防精神医学」について，予防を一次，二次，三次に分類した。① 一次予防とは，地域社会において障害の発生を減らすこと，② 二次予防

とは，早期発見・早期治療によって，障害の罹患期間を短くし重篤化・慢性化を防ぐこと，③ 三次予防とは，慢性化に伴って生じる障害の程度を減少させることや再発を防ぐこと，を目指している（Caplan, G., 1964）。

　放送授業では，この考え方をもとに，心理臨床家のコミュニティ・アプローチとしての子育て支援の具体的な活動を紹介する。

5. まとめ

　心の問題や抱えている困難がどのようなものであろうと，その人をとりまく周囲の人々や組織（環境）との関係に目を向けることで，コミュニティ心理学的な視点で関わっていくことが可能になる。むしろ，人と人との関係やとりまく環境を通してのサポートが人に与える成長可能性を考えると，どのような問題であろうと，個人に働きかけると同時にコミュニティにおける支援を提供することが必要であろう。

　度重なる災害を経験している私たちは，コミュニティの中で支え合うことの重要性を痛感している。ますます専門家・非専門家・当事者と言われる人々との協働が必要な時代になっている。同時代に同じ社会に生きる者同士が支え合って生きていくためにも，コミュニティ・アプローチの考え方や姿勢はきっと役に立つことと思う。

文献

Caplan, G. (1961). *An approach to community mental health consultation.* Grune & Stratton. 山本和朗（訳）. 加藤正明（監修）(1968). 地域精神衛生の理論と実際. 医学書院.

Caplan, G. (1964). *Principle of preventive psychiatry.* Basic Books. 新福尚武（監訳）

(1970). 予防精神医学. 朝倉書店.

橋本剛 (2005). ストレスと人間関係. ナカニシヤ出版.

箕口雅博編 (2011). 臨床心理地域援助特論. 放送大学教育振興会.

丹羽郁夫 (2007). ソーシャルサポートとセルフヘルプ. 植村勝彦 (編). コミュニ
　ティ心理学入門. ナカニシヤ出版. pp. 119-140.

高畠克子 (2011). コミュニティ・アプローチ. 東京大学出版会.

山本和郎 (1984). コミュニティにおける心理臨床家—臨床心理の独自な領域を求
　めて. 村瀬孝雄・野村東助・山本和郎 (編). 心理臨床の探究. 有斐閣.

山本和郎 (1986). コミュニティ心理学—地域臨床の理論と実践—. 東京大学出版会.

山本和郎編 (2001). 臨床心理学的地域援助の展開—コミュニティ心理学の実践と
　今日的課題. 培風館.

山本和郎 (2004). コミュニティ心理学. 氏原寛ほか (編). 心理臨床大事典 [改訂版].
　培風館. pp. 1127-1130.

12 | 医療分野の心理臨床

大山泰宏

《**目標とポイント**》 医療分野で働く臨床心理士の割合は，他の職域よりも多い。しかしながら，この領域の中での職能としての位置付けには，さまざまな課題がある。現在の日本の医療システムの中では「心理臨床」の位置付けには困難を伴うが，同時に「臨床」としての本質がもっとも必要とされている場所である。それは医療分野はまさに，生老病死という臨床の営みが展開される場所であるからである。

　この章では，医療制度と心理臨床，さらには患者という存在の三者を対比させながら，医療領域における心理臨床の意義と役割について理解することを目標とする。

《**キーワード**》 多職種連携，生物—心理—社会モデル，保健医療の制度，精神科，緩和ケア，オープンダイアローグ

1. 医療領域での心理臨床の特徴

（1）「臨床」にかかわること

　医療領域での心理臨床について，まとめて語るのはとても難しい。医療の領域といっても，実に多様であるからである。○○科という，診療科ごとに特徴があるのはもちろんのこと，大きな総合病院か，個人経営のクリニックなのか，入院施設があるのかないのかということで，そのあり方は大きく異なってくる。さらには，先端医療を積極的におこなうところなのか，地域に根ざした医療をおこなうところなのか，ということでも異なってくる。そして，院長や診療科の部長が変われば，その雰

囲気や方針が大きく異なってくることもある。

　しかし同時に共通性もある。それは「病める」人がやってくるということである。すなわち，患者と呼ばれる人たちである。人は病めるときには，それまでの当たり前だった日常が送れなくなる。行動が制限され，何かと不自由を強いられる。幼い頃から重篤な疾患を抱えている場合，当たり前の日常というものが，そもそも成立していないかもしれない。病むことによって，当たり前の生活が成り立たなくなるばかりではない，その病に対して治療をおこなうことで，さらに日常の当たり前が成り立たなくなることもある。よく効く薬には副作用が伴うことも多く，日常生活の質に影響を及ぼすであろう。命を護るために仕方ないことであるが，点滴や採血，手術によって，体のあちこちに傷ができ内出血の斑ができる。たくさんの管をつながれて，動きが制限される。病による痛みばかりでなく，術後の痛みもある。病む人は，治療を受けるために，日常の社会生活や役割から切り離されて，患者としての役割を送ることを余儀なくされている。病によってだけではなく，生きるために，そして治るために，さまざまな苦労をしているのである。医療領域のあり方は多様であるが，病むことによる二重の意味での苦しみがあることは共通である。

　このように医療領域においては，病める人，患者という点から眼差しを向けるならば，そこには大きな共通点もしくは収束点がある。医療における「患者中心」ということの大切さはまさにここにある。同時に，「臨床心理学」あるいは「心理臨床」は，まさにその点にかかわってくるのである。エリクソン（Erikson, E. H., 1950）が述べているように，臨床心理学の臨床（clinical）とは病の床であり死の床である。clinical というのは，ギリシャ語で寝台を意味する klinē から来ている。エリクソンは言う，「臨床」とはもともと，病との戦いに疲れ果てて創造主との

出会いに向けて旅立とうとしている人の魂のお世話をする僧侶の役割であったのだと。ベッドサイドの心理学としての臨床心理学は，さらに敷衍するならば，死の床のみならず，生老病死のすべてにかかわってくる。命を宿すこと，生まれること，老いていくこと，病を得ること，死にゆくこと，かつて仏陀が人間の根源的な苦しみとした四苦は，すべて医療領域にかかわることである。そしてそのいずれにおいても，人は床に横たわり，誰かの助けを借りなければならなくなっている。そして先述したような二重の苦しみを体験しているのである。

（2）あいまいな心理職の役割

　生老病死で苦しむ人の魂の世話をするのが心理臨床であると言うのは易しいが，実際にはそれをおこなうのは難しい。まず「病む人」は，心とか魂とか難しいことを言うよりも，何よりもその病自体が何とかなってほしいと思っている。医療領域においては，精神的な病よりも身体的な病のほうが，ずっと多い。ひょっとすれば死に至るかもしれない病，激しく痛みを伴う病，生きる意欲をなくさせてしまうような病，そしてそのための辛い治療，そうしたものに必死で耐えてがんばっているときには，心のことに向き合う余力などないのが普通である。そうした人たちのところを心理臨床家が突然訪れて，「あなたの魂のお世話をしましょう」などと言っても滑稽であり傲慢であろう。

　「魂のお世話をする」とまでは言わなくとも「心に寄り添う」ということが心理の基本的態度であるとするならば，では看護師との違いは何なのか。看護師のほうが患者に接する時間はずっと多いし，身体的ケアもおこなうぶん，より「全人的」なケアをしているのではないだろうか。身体的ケアを行うことを通して，心もケアしているのではないのか。それに比べて心理職は，ずっと短い限られた時間で，身体的ケアはおこな

わず，非常勤で勤務している場合などは偶にしか訪床できない。それだけでも相当なハンディキャップである。少なくとも病院で働く心理職は，自分が最初から魂に関わる仕事ができていると思うのではなく，上記のようなことを一度は自分に問いかけ悩む真摯さと謙虚さが必要であろう。

　医療の中で他職種の職能はかなりはっきりしているのに，心理職のそれはかなりあいまいである。医師，看護師，作業療法士，理学療法士，技師などなど，病院の中でのそれらの職種は，国家資格として保健医療の制度の中でその役割や技能，責任や倫理が明確に定められている。公認心理師の資格ができたので，心理職の役割もこれまでよりも明確化されるかもしれないが，それでもやはり心理は，これまでと同様に，他職種からのさまざまな思いやイメージの投影を引き受けて自らの職能を作り上げていかねばならないだろう。ある場合には，クレームが多く医療者の指示にも従わない難しい患者に心理学的な技能で対処して扱いやすくすることが望まれるかもしれない。患者が訴える痛みや運動機能の障害に身体疾患を疑って，多くの精密検査をしても身体疾患が特定できなかったとき，これは心理的な問題だろうということで心理職のところに回ってくるかもしれない。あるいは黙して語らず，どのような看護の方針を立てたらいいのか検討がつかないターミナル期の患者から，何か要望を聞き出してくれという役割が他職種から期待されるかもしれない。あるいは，病院スタッフのメンタルヘルスの相談役となってくれと頼まれるかもしれない。

　他職種から依頼される役割をひとつひとつ丁寧にこなしていくのは，とても大切なことである。そうしてこそ，他職種との連携の中での心理職の位置付けが育ち，心理職の認知度があがっていく。他職種の落穂拾い，あるいは隙間産業のような役割は，とても重要である。そしてその

意義は，単に補完的であるからということだけではない。そこにこそ，心理職としての固有の職能を積極的に打ち出していくことができる可能性がある。そのことについて次に述べてみよう。

（3）合理性への収まらなさ，個別性を大切にすること

医療機関という巨大で制度化された組織には，いろんな隙間があり軋みもあり歪みもある。特に患者の目線から見たときにそうである。幸せはいずれも似通ったものだが不幸の形は実にさまざまであるように，病を得た人々の形はさまざまである。それぞれにきわめて個別性が高いものである。

たとえばステージの進行した末期の「がん」を抱えている人を考えてみよう。この場合に，それぞれの人にどれだけ多様な思いがありうるだろうか。ある人は，まさに自分はこれからという希望に満ちたときに診断されてしまったのかもしれない，またある人は，遺していくであろう家族のことが何より気がかりかもしれない。あるいは，なぜもっと早く受診しなかったのかと後悔でいっぱいかもしれない。あるいは，一年前に受診したときに「異状なしです」と診断した医師への恨みと怒りがあるかもしれない。がんを宣告されたことで，ひどく気持ちが落ち込んで，積極的に治療を受けようという気持ちを失くしているかもしれない。あるいは，辛い治療でも前向きにできるかぎりのことをしようと思っているかもしれない。看護を受けることで自分が他人の世話になるということが，ひどく苦痛かもしれない。

多様なあり方を挙げていけば，実にきりがない。それは病の意味付けというのは，病そのものからのみ決まるわけではないからである。これまでどんな人生を歩んできたのか，何を大切にしてきたのかといったこと，あるいはその人の「人となり」によって，病は意味づけられるので

ある。人それぞれが多様であるがゆえに，そして人生が多様であるがゆえに，病の意味づけも多様である。病を得たという今の自分は，自分のこれまでの過去の最先端にいる。そして未来の出発点にいる。病は，ほんとうなら過去から未来へと連続するはずであった一本の線の中に打ち込まれた楔であり，穿たれた穴である。そこまでの自分とそこからの自分は大きく変わらざるをえないかもしれない。病めるということは，そうした変曲点にいるということなのである。

　医療の技術は，その人の人生にかかわるような個別性には対応していない。もちろん医療では，その人の状態に合わせて，実に細やかに治療や看護を計画する。しっかりとした医学的根拠（エビデンス）のある処置を丁寧に組み合わせていく様子は，さながらオーダーメイドである。しかし，共通性が高く普遍性があることがまずもって医療の責任として重視されるために，やはり個別性という点では限界をもたざるをえない。それに加えて，個人の個別性には何かしらの不合理性が含まれる。科学的なエビデンスからすれば些細なこと，あるいは逆に治癒の妨げになるようなことであっても，個人にとってはとても大事なことであったりする。しっかりと治癒するためには選んだほうがよい治療法であっても，それはその人が生きるうえで大切にしていることを，できなくしてしまうかもしれない。たとえば，定期的に病院に通って化学療法を受けるよりも，命を縮めるとはわかっていながらも，夫婦で思い出を辿る旅にでるほうが大切なのかもしれない。人の生き死に関わることには「不合理」な祀りごとや仕来りが多いように，自分の命が関わってくるような事態に置かれたとき，人は単に合理的なことだけでは，割り切れなくなるのである。

　そこにこそ，心理職が求められる位置がある。その人の生き方と深く関わるような個別性や，不合理な価値や信念といったものを支える場所

に，心理職は存在する。だからといって，合理的でエビデンス重視の医療で出来ないことを心理はやっているのだとか，医療には欠けているものを心理はおこなっているのだとかいうように，医療と対立させて考えるのは，間違いであろう。エビデンスを重視することと，不合理性や信念を大切にすることとは，相反するもの，あるいは相入れないものと捉えてはならない。なぜなら，そのような対立的な見方は「病める人」である患者の存在を引き裂いてしまうからである。病める人の立場からみると，その両方が心の中にある。合理的で治癒可能性の高い医療的処置を求めつつも，それだけでは収まりきれないものがある，その葛藤の中にいるのである。したがって心理職が，その一方だけを重視するのであれば，ますます「病める人」は，混乱を大きくするであろう。心理職も，その両方の葛藤の中に自らの身を置かねばならない。両方に揺れ動き，ときには一方が強くなり，またときには他方へと揺り戻しがある，そうした矛盾の中を生きていかねばならないのである。

　このことは，実は，心理職の医療の中での位置付けそのものである。心理職は，合理的で体系化された医療領域の中に位置付けられ，そのシステムの中を生きながら，同時にそこには収まりきらない何かの大切さを，感じ取っている。そもそも医療領域における職能と役割がはっきりしたシステムからすると，きわめて曖昧で境界的な位置にいる。だからこそ，病める人に寄り添うことができる。

2.　多職種連携の中の心理職

（1）チーム医療の中の心理職

　医療の中では，特定のテーマの支援のために，診療科の垣根をこえて多職種が連携し協同する「チーム」が組まれることが多い。たとえば，

緩和ケアチーム，糖尿病チームなどが代表的なものである。これは，その疾患やテーマに関して，身体的な治療はもちろんのこと，心理面でのサポート，生活面での支援，リハビリテーションなど，その人の全体にかかわる支援を統合的におこなうためのものであり，「チーム医療」とよばれる。チームのメンバーには，医師，看護師に加えて，薬剤師，栄養士，精神保健福祉士，作業療法士などのほか，臨床心理士や公認心理師が含まれるのが通例である。とくに「がん」診療あるいは緩和ケアに関しては本章でもすでに述べたように，心理的な面を考慮することが大切であり，たとえば，「がん診療連携拠点病院の整備に関する指針（平成20年3月1日付，厚生労働省健康局通知）」以降，医療心理に関わる専門家の配置が推奨されている。

　心理職が医療の連携の中で固有の専門性を発揮できる状態とは，合理的で体系化された医療システムの中にどっぷり浸かってしまうことではない。たとえば，医療システムの中で合理性が認められているからといって認知行動療法のみが有効な心理療法だと思い込んでしまったり，心理テストをおこなって所見を提出することばかりを請け負ったりしているだけでは，ほんとうの意味での心理職の専門性は発揮できていないであろう。あるいは患者のコンプライアンス（患者が医療者の指示に従うこと）やアドヒアランス（積極的に治療方針の決定に参加し，その決定に従って治療を受けること）の向上を助けるためにだけ奔走していても，心理の専門性ではないであろう。もちろんまずはそうしたことがきちんと丁寧にこなせることは，大切な必要条件である。この条件を満たすためには，医療の現場に飛び込んだ心理士は厳しい研鑽を積まねばならない。公認心理師の職能はまさに，その規準を明確に厳しく定めたものである。しかし，それは自分の専門性の必要条件ではあっても十分条件でないということの自覚も必要である。そこからさらに，「臨床」という

ことの意味，すなわち「病める人」に寄り添うということができるため
にも，医療システムに収まりきれない葛藤を抱え続けることが，チーム
医療の中での心理職の専門性を支えるのである。

（2）患者の関係者の支援

　医療領域の中での心理職が支援の対象とする「病める人」「患う人」は，
患者本人ばかりではない。家族をはじめ患者の身近な人々も，その対象
である。かけがえのない人が突然病を得た時，いつまでも一緒に居るこ
とができると思っていたのに，「明日」がない日が来るのだということ
を差し迫って感じたり，今まで当たり前に一緒に出来ていたことが出来
なくなってしまう。自分にとって身近で大切な人が病を得たとき，過去
から未来へと連続するはずであった一本の線の中に楔が打ち込まれる。
　「家族は第二の患者」と言われるように，病める人の身近な人もまた，
大きなショックや不安に心患う。どうしてもっと早く気づいてあげられ
なかったのかという後悔や罪悪感に苛まれる。これに加え，病める人を
支えるうえで，それまでと異なった日常が訪れる。患者が治療を始めれ
ば，その治療方針の決定に関して難しい選択を迫られ，入院生活のサポ
ートなどに心と時間をとられる。経済的なことや将来のことの不安定さ
が心配になる。家庭の中で重要な役割を担っていた人が，長期の入院で
不在になることで，心理的にも現実的にも，負担が生じてくる。新たな
家族の体制を作っていくのに一生懸命で，自分のことは後回しとなる。
　患者当人は苦しく不安であるがゆえに，家族に対して怒りや不満をぶ
つけてしまうこともある。家族は，精一杯に看護や介護をしているのに
報われず，そのことでやるせなく悔しく思う。このように家族には，さ
まざまな心理的な負担があるのだが，弱音を吐いてはいけないと思い，
その気持ちを黙して語らないことも多い。

　家族に代表される患者を取り巻く人々に対する支援の重要性は，近年，保健医療の中でも重視されているところである。とりわけがん患者の家族に関しては，その闘病と治療が比較的長期にわたること，いったん治癒しても再発の可能性があること，さらには，日本人の2分の1が罹患し3分の1がそのために命を落とすという広くみられる疾患であること，そのために死に至る病としてのイメージが払拭できないことなどから，その重要性が強調されるところである。

　しかしながら，患者の治療ということを旨とした保健医療の制度の中に，家族の支援を明確に位置付けるのは，難しい面もある。家族はときに，病院や治療に対して不満をもつことがある。心理的に追い詰められ余裕がないがゆえに，医師や看護師の一言を被害的にとったり，腹を立てたりする。それを面と向かって言えず不信感がたまっていったり，あるいは逆に怒りをぶつけることで関係がこじれてしまったりすることも多い。そうなると，実際には最善の治療が受けられていようとも，気持ちのうえでは納得しない。あるいは治療に対して希望や要望があった場合にも，遠慮して言えなかったりする家族もある。また，できるかぎりの治療をしようと前向きに努力し，「がんばっていきましょうね」と家族を励ます医療者に対して，後ろ向きの弱音を吐けなかったりする。

　患者が亡くなったとき，治療はそこで終了するのであるが，家族にとってはそこから長い道のりが始まる。いくら覚悟していたとはいえ，文字通り大切な人を失ってしまうと，そのショックは大きい。病気が分かったときのショックと，亡くなったときのショックのどちらが大きいとは一概にはいえないが，前者はどこかしら「ひょっとすると奇跡が起きるかもしれない」という希望に支えられていたのに対して，後者の場合は，それを受け入れていくという，決して後戻りはできない喪の過程が始まる。否定することも回避することもできない現実に向かい合ってい

かねばならないのである。それは実に一筋縄ではいかない道のりである。ああしてあげればよかった，こうしてあげればよかったという後悔と申し訳なさが押し寄せる。動けないほど心が疲れているのに，名義変更や届け出などのさまざまな手続きに翻弄される。それまでは病気を乗り越えるために助け合っていたはずの家族や親戚のあいだに，感情的な衝突や仲違いが生じたりする。遺産の分配をどうするか，供養をどうするかといったことで，意見が割れる。そして，亡くなった人が大切な人であればあるほど，その悲しみは大きく，何年経っても癒えることはない。それなのに周囲の人は，そろそろ気持ちを切り替えて立ち直ったらと言ってくる。

　医療領域の中では，患者が亡くなった後の家族の悲哀に対しては，グリーフケアと呼ばれる支援がある。そこでは臨床心理士や公認心理師といった心理職が役割を担うことが多い。病院の中の家族外来，遺族外来に属する心理士が対応することもあれば，緩和ケア科の心理士がおこなうこともある。あるいは精神科に属する心理士の場合もある。さらには，病院外部の心理相談機関と連携していて，そこが紹介されることもある。このようにシステムとしては多様な形をもつが，いずれにおいても「死の床」に関する不安や悲嘆に寄り添うという意味での臨床としては，一貫している。医療システムからみれば，その境界にあり隙間にある心理臨床ではあるが，「第二の患者」を含んだ広い意味での患者の本質的な心のプロセスを支援していくという機能においては，医療領域の中の心理臨床の像はしっかりと結ばれるのである。

（3）　先進医療の中での心理臨床

　医療は人間の命ということに関わる営みである。医療技術の進歩はすさまじく，少し前には救うことができなかった命を救うことができるよ

うになり，授かることができなかった命を授かることができるようになった。また，疾病の予防といった観点からも，どのような疾患にかかりやすいのか，遺伝子を知ることによってかなり正確に予測がつくようになってきた。あるいは，生まれる前の命に障害や疾患がないかどうかということも，知ることができるようになった。さらには，延命技術の発達により，文字どおり死ということを引き延ばすことができるようになった。

　このように，医療が進歩すればするほど，一見すると命というものを私たちが操作できるようになったかのようにみえる。しかしながら逆説的であるが，生命の根本に人知が関われば関わるほど，人知や技術ではいかんともしがたい側面というものが浮かび上がってきている。手術の技術が進歩したとしても，高度で難しい手術であればあるほど，一般的にその成功率は低くなる。高度生殖医療で，辛い不妊治療を重ねやっとの思いで凍結保存した卵が受精する確率は，決して高くはない。そしてたとえ受精したとしても，ちゃんと成長してくれるかどうか，そして子どもが健康体で生まれてくるかどうかは，それこそ祈るような気持ちであろう。遺伝子診断においても，その予測はあくまでも確率的なことであると同時に，そこで予測されていない疾患の可能性は無限に残されている。延命治療ということは，生と死との境界を曖昧にして，どこまでを「生きていること」としてみなすのか，そこに客観的な線引きは難しく，むしろ家族や本人の意思や願いというものが反映されるようになる。

　生老病死の医療の最先端は，むしろ医療の合理的な体系性を揺らがせていく。延命させるかどうか，不妊治療を続けるかどうか，お腹の中の子を産むかどうか，成功率はたとえ低くともその最先端の治療を受けるかどうか，といった決断には，個人の価値や思いというものが反映され，

それはきわめて個別的なものとなる。そして，個人のまさに人生ということと密接に関わるものとなる。遺伝子カウンセリング，不妊治療カウンセリングなどなど，先進医療において，じっくりと話をきいて個人の納得のいく決断に沿っていく心理職の存在がますます大切になっているのである。

3. 精神科医療の中での心理臨床

（1） 生物─心理─社会モデル

　医療分野において，もっとも心理臨床と関連が深いのは，精神科医療である。心理臨床も精神科医療も，人間の心を対象にしているという点で共通しているからである。

　現在のようにさまざまな種類の向精神薬がなかったときには，かつて精神科医療でも，精神療法（心理療法）が主流であった。しかしながら現在では，薬物療法の位置付けが大きくなっている。またこれと対応して，精神疾患を脳の神経系統の機序から説明し，そこに働きかけることで治療しようという方向性が強くなっている。すなわち，生物学的な基礎がますます重視されるようになっているのである。

　「心」という現象には，それに対応する生物学的な基盤がある。人間の思考や感情には，必ずそれに対応する神経系統・中枢神経の働きがあり，そこには，何らかの神経伝達物質が関与している。いっぽう，人間は社会的なコンテクストや文化の中に生きている存在である。個々人の心の動きや振る舞いは，社会的な位置付けから影響を受けている。あるいは，「心」やパーソナリティの形成は，人との関わりや文化的環境といった，社会の中で行われるものである。したがって，「心」ということを考えるにしても，よりミクロには神経系統機序といった生物学的側

面，よりマクロには心の置かれるコンテクストといった文化・社会的側面も含めて，総体的に考えていく必要がある。このことを指摘しているのが，「生物─心理─社会モデル Biopsychosocial model」である。これは1977年にシステム論者のエンゲル（Engel, G.）から提唱されたものであるが，現在，精神科医療における「心」を考えていくうえで，無視できないモデルとなっている。

　医療においては「生物─心理─社会」という３つの層から考えていかねばならないが，それぞれの層での現象が他の層に還元できてしまうわけではないということが重要である。心理は生物学的基盤のうえに成り立っており，生物学的基盤がなければ「心」は存在しない。しかし，心の現象のすべてを生物学的基盤で説明できるわけではない。コンピュータのソフトウェアの動きを，ハードウェアの仕組みだけからは説明しきれないのと同じである。また社会や文化は，人の心理によってのみ説明できるものでなければ，ましてや，神経伝達物質によって説明できるものでもない。３つの層のそれぞれの自律性を重視しつつ，それらのあいだの関わりを考えていくのが重要である。特に心理職は，「生物─心理─社会」の真ん中に位置する「心理」に関わる職能であるがゆえに，医療領域の中ではさまざまな職能をつなぐ位置にあることが分かるであろう。

（2）精神科の中での活動の実際

　それでは精神科の中で心理は実際にどのような位置づけにあり，どのような活動をしているのであろうか。まずここに，心理職は「医師の指示を受けて」その心理臨床行為をおこなうのか，「医師と連携して」おこなうのかといった問題がある。言うまでもなく，保健医療の制度において，医師はそのヒエラルキーの頂点に立ち，他のコメディカルの職種は，そのもとで活動している。診断を最終的におこなうのは医師である

ように，医療システムの中での統括者であり最終的な責任者である。そのことからすると，「医師の指示」を受けてというのが，医療システムの体系としては整合性があるかもしれない。

　しかしこれまで述べてきたように，心理の職能は，医療システムの体系性には納まりきらないもの，そこでは原理的に扱いえないものに対処するものであり，そのような役割を担うからこそ，医療領域の中での心理職が必要とされているということは忘れてはならない。特に精神科医療においては，複雑な要因が働き長期にわたる濃密な過程のある心理療法をおこなう場合など，そこではどのようなことが展開し生じているのか，そしてそこにどんな意味があるのかということを，医師が正確に把握して責任をもつのは難しい。薬物療法が中心となり精神力動的な治療を経験したことのない精神科医が増えてきている現在は，なおさらのことである。また，患者を取り巻く家族とのダイナミクスを把握したり，患者の生老病死にかかわる価値や宗教的背景などを考慮した関わりを考えていったりするのは，まさに心理職が専門性を発揮するところであろう。

　このような理由から，心理職は「医師と連携して」という位置づけにいることが肝要であると，心理職の側からは一貫して主張がなされている。こうした「医師との連携」がなされるためには，心理職の側にいくつもの厳しい責務が課されることになる。第一に，医師と比肩しうるような高度な専門性が必要となろう。医師は基礎教育から臨床まで，少なくとも6年間の教育を受け，その後，数年間の臨床現場で経験を積んでいる。心理職は，これに比べると短い年限で学ぶべき事柄も少ないのが実状である。その意味でも，心理職として職を得た後も，より専門性を高めるように学び続けなければなるまい。第二に，医師はその責務が医師法において厳しく規定され，また医療システムにおける責任者として

の厳しい職業倫理指針が定められている。心理職においても，公認心理師法によってその責任や職務のあり方は明確に定められたが，一方でこれまで述べてきたように，医療のシステムやヒエラルキーにどっぷりつかるのではなく，その隙間やそこには納まりきらないものに専門性を発揮することも大切である。そのためにも，所与として定められた役割や倫理指針に従うのみではなく，常に自らの倫理性を問いかけ，また職能集団として倫理性を高めていくような努力が不可欠となろう。そしてその専門性の当為が厳しく問われるのである。第三に，心理職は，医療システムに納まりがつかないような自らの「あいまい」な仕事を，しっかりと多職種に説明して納得してもらうような言葉と努力が必要になってくるであろう。「医師と連携して」という自己定義のもとに，身勝手に医療のシステムから浮遊孤立して満足していては，無責任である。

（3）オープンダイアローグ

　最後に，近年精神科医療の中で注目されている「オープンダイアローグ」という考え方に言及しておきたい。医療システムというのは，ひとつの制度化された診断のシステムであり処置のシステムである。そこに私たちは組み込まれることで「患者」となる。うまく治療が進むということは，そのシステムに適応して，うまく患者となることだとさえ言えるかもしれない。医療スタッフも，その制度化されたシステムに組み込まれることで，医療スタッフとなる。そのシステムに適応することが，機能的に働くことができることである。

　しかしながら，そのシステムは，絶対的に公平なものでもなければ，唯一正しいものであるわけではないであろう。時代によって，文化や社会によって，医療のあり方が異なっているように，それは相対的なものである。現代の医療は数十年前に較べると確かに「進歩」したが，より

「正しい」ものとなったかというと，それは別問題である。

　身体的疾患の治療であれば，現代の進歩した医療制度に組み込まれ適応することが有効に機能する面は多いであろう。しかし，精神疾患の場合はどうであろうか。患者が医療制度の中に組み込まれていくことは，本当に治療的なのであろうか。精神疾患は，煎じ詰めればその人のあり方と社会のあり方とのあいだに，大きな齟齬や矛盾が生じている状態である。精神疾患の治癒とは，そうした齟齬や矛盾を解消していくことであるが，患者の側のみを一方的に変えていくことは，医療システムの歪みを押しつけていく抑圧にならないだろうか。

　こうした問いかけは，これまでも長くなされてきた。とりわけ1970年代に，諸々の権力に対して若者たちが反旗を翻していた時期，反精神医学運動によって，医師と患者の権力関係，あるいは患者を作り出す（患者に仕立て上げる）精神医学の権力性が厳しく問われたことがあった。時には，精神医学そのものを否定するほどに極端な動きもあったが，この運動の洗礼によってより患者中心の精神科医療を生み出すことにもつながったことは，評価すべき点があろう。

　オープンダイアローグという考え方は，直接には反精神医学運動とは関連があるものではない。しかしながら，医療システムを自明視せず，またその権力性に対して敏感であり自省的である点では，共通するものをもっているとも言える。医療者―患者という権力関係や，医師を頂点とする医療システムのヒエラルキーに依るのではなく，当事者である患者そして医療スタッフのそれぞれが，対等の立場で開かれた対話をおこなうことで，治療のあり方や方針を模索していこうというものである。

　オープンダイアローグは，広くにはそうした態度のことを意味するものである。具体的には，精神病が初発で急性期にある患者への関わりの方法のことであり，フィンランドの西ラップランド地方のケロプタス病

院で，家族療法家が中心となって1980年代から実践されているものである。その方法は，精神病発症の初発のエピソードがあってから24時間以内に，患者本人もしくは家族からの要請を受ければ，医師や看護師，心理士等の職種からなるチームが直接患者宅に駆けつけ，家族も含めて１日に最長で90分ほどの対話を根気強く（およそ２週間以内）続けていく，その際に抗精神病薬は極力使用しないという，ごくシンプルなものである。そのことで，患者の入院期間の短縮，再発率の大幅な低減，自立生活に至る率の上昇などがあると報告されている（齋藤，2015）。

　オープンダイアローグ自体は，ごくシンプルな手法であるが，そこにはいくつかの重要な原則がある。まず患者が語ることは，それが妄想であれしっかりと聞いて，その体験世界や思考を理解しようとするということである。また，薬物療法の導入や入院の是非などの治療上の重要な決定は，患者本人を含む全員が出席したうえでなされる。さらには，患者について話し合うときは必ず患者が同席する場面でおこなう，つまり専門家どうしが，患者本人や家族の前で，患者に関する見立てや対応について話しあうという「リフレクティング」という技法を用いる。こうした原則や技法にみられるのは，徹底した情報や意思決定のプロセスの公開性であり，患者を中心とした家族や治療チームの公平性である。その中でこそ，さまざまな意見や「声」が響き合い重なりあい，患者と医療システム，そして家族や社会との接点が生まれ，新たなあり方が生成していくのである。

　オープンダイアローグに関しては，その治療効果としてのエビデンスが十分でないこと，30年以上の歴史があるのにその事例の報告がごく限られていること，異なる文化的コンテクストの中での実践の可能性に関しての検討がこれから待たれることなど，まだまだこれからの実践と研究が待たれる方法である。しかし，その方法や発想に関しては，これか

らの精神科医療のあり方に関して，ひとつの可能性を提唱するものであろう。

文献

Engel, G. (1977). The Need for a New Medical Model: A Challenge for Biomedicine, *Science*, 196 (4286), 129-136.

Erikson, E. H. (1950). *Childhood and Society*. Norton.

Miller, K. D. (ed.) (2010). *Medical and Psychosocial Care of the Cancer Survivor.* 勝俣範之（監訳），金容壱，大山万容（訳）(2012). がんサバイバー. 医学書院.

齊尾武郎（2014）. 急性精神病に対するオープンダイアローグアプローチ：有効性は確立したか？. 臨床評価, 42 (2), 531-537.

齋藤環（2015）. オープンダイアローグとは何か. 医学書院.

13 | 教育分野の心理臨床

倉光　修

《**目標とポイント**》　本章では，教育分野において，臨床心理学の実践分野，すなわち，心理臨床がどのようになされているかを述べてみたい。教育分野における心理臨床というと，小・中・高等学校におけるスクールカウンセリング，大学や大学院における学生相談を思い浮かべる人が多いだろう。あるいは，教育相談所や適応指導教室，予備校や幼稚園などでもカウンセリングやプレイセラピーが行われているところがあることをご存じの方もおられるかもしれない。

　本章では主にスクールカウンセリングについて概略を述べ，放送教材では，これまで小学校・中学校・高等学校，さらに大学でカウンセラーとして活動してこられた卜部洋子先生に創作していただいた事例を元に実践における留意点について検討したい。これらの事例について話し合う中で，より深くより広い領域まで光が届くことを願っている。

《**キーワード**》　スクールカウンセリング，スクールカウンセラー，チーム学校，学生相談，保育（キンダー）カウンセリング，教育相談所，適応指導教室，フリースクール，いじめ，不登校，ひきこもり，自殺（自死）

1. 学校におけるカウンセリング

（1）大学における学生相談

　わが国の学校にカウンセラーが配置されるようになったのは，1951年，「アメリカのSPSやカウンセリングを日本の大学に紹介するための委員会」のメンバーたちが来日したことに端を発する。SPSとは，Student

Personnel Service の略語で「厚生補導」と訳されていた。この使節団によってカウンセリングの意義が認識され，1953年，東京大学に日本で初めて「学生相談所」が設置された。以後，多くの大学で，学生相談室やカウンセリングセンターが創設され，臨床心理学などを専攻する教員が相談に当たってきた経緯がある。1987年には日本学生相談学会も成立して，2019年現在に至るまで学術的活動も行ってきた。国際的な交流も発展しており，近年では，アメリカの学生相談所長の組織 AUCCCD（Association for University and College Counseling Center Directors）に参加している大学もある。

　学生相談室の活動は，当初はガイダンス的な色彩が強かったが，次第にロジャーズ派のカウンセリング（クライエント中心療法）が主流になり，今日では，フロイト派やユング派，認知行動療法や統合的アプローチなども含めて，現場のニーズに応じて，多様なアプローチが展開されている。

　大学の学生相談では，学習意欲がなくなって不登校やひきこもりになるケース，研究室やクラブなどでの人間関係でトラブルが生じるケース，教員によるセクシュアルハラスメントやパワーハラスメントに苦しむケース，就職か進学かなど進路に悩むケース，経済的支援も含めて親子関係に困難を抱えるケース，発達障害や精神障害で苦しむケースなど，非常に多様な問題に対して，通常，予約制でカウンセリングを行っている。大学によっては，ハラスメントや発達障害など，特定の問題に対応する相談室を有しているところもある。

　このような苦悩を抱えたクライエントに接するカウンセラーの多くは臨床心理士や大学カウンセラーの資格をもっている（今後，公認心理師資格取得者も増えていくであろう）。たいていの大学ではカウンセラーは学部や研究科に所属しておらず，一般の授業や論文指導などは行って

いない（心理教育に関わる少数の授業科目をもつことはある）。しかし，大学生や大学院生とのカウンセリングでは，研究活動への深い理解や一般の教職員との緊密な連携が不可欠なので，教員の資格が有用になることが多く，たいていのカウンセラーは教授・准教授・講師・助教・非常勤講師等の肩書きを持っている。

　学生相談においては，また，大学の保健センターなどの医療機関や，学生部等の事務組織，ハラスメント防止委員会や学生委員会などの組織との連携が不可欠である。また，自殺企図などの恐れがある場合や，長期にわたる欠席，学費滞納，犯罪行為があった場合などでは，保護者と連絡を取って対応するケースも少なくない。

（2）小・中・高等学校におけるスクールカウンセリング

　戦後，小・中・高等学校の教員たちがカウンセリングに関心を示すようになったのも，やはりアメリカからの働きかけに端を発する。たとえば1948年から1952年まで開催された教育指導者講習（IFEL）は大きなインパクトを与えた。1961年にはロジャーズが来日，その後，クライエント中心療法によるカウンセリングの有効性が広く認識されるようになり，いわゆる「学校カウンセリングブーム」が巻き起こった（氏原・谷口・東山，1991）。こうした研修で，いわゆる「カウンセリング・マインド」を習得した教員はかなり多数に上るであろう。

　しかしながら，臨床心理士など，いわゆる「心の専門家」が公立の小・中・高等学校にスクールカウンセラーとして配置・派遣されるようになったのは，1995年以後のことである。この年，当時の文部省は，不登校（そのころは，「学校恐怖症」「登校拒否」などと呼ばれていた）の急増や，深刻な「いじめ」事件の発生に鑑み，全国の公立小・中・高等学校154校を対象としてスクールカウンセラーを派遣した。この「スクールカウ

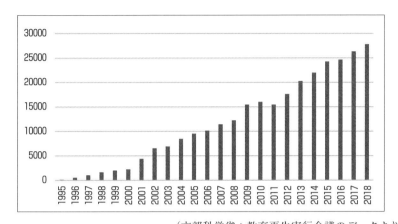

図13‐1　スクールカウンセラー配置校（箇所）数の変遷（2018年度は計画）

ンセラー活用調査研究委託事業」は，以後，「スクールカウンセラー等
活用事業」として発展した。スクールカウンセラー（以下，SC）の配
置・派遣校は図13‐1の通り，ほぼ増加の一途をたどり，1995年度には
154校であったが，その後，特別支援学校や教育委員会なども含めて，
2017年度には26,337箇所にSCが配置・派遣された（2018年度の計画で
は27,809箇所）。

　このような事業の発展には，河合隼雄らが中心になって創設した「臨
床心理士」が当初から大きく貢献してきた。また，村山正治らはこの事
業の重要性に鑑み，1996年から日本臨床心理士会，日本心理臨床学会，
日本臨床心理士資格認定協会，都道府県の臨床心理士会などと協力して，
「学校臨床心理士全国研修会」を開催し，他にもさまざまな企画を実行
してこの事業の発展に尽くしてきた。

　このような経緯もあり，SCはこれまで大半が（公益財団法人）日本
臨床心理士資格認定協会にかかる「臨床心理士」であった。しかし，

2018年からは国家資格である「公認心理師」が選考の対象として第1番目にあげられている。ただし，選考は「実績も踏まえ」と記されていることから，臨床心理士よりも公認心理師が常に優先して採用されることは少なくとも当面はないであろう。

　いずれにしても，心理臨床の実践においては資格の種類や有無よりも，クライエントにとって（雇用者にとってではない），セラピストやカウンセラーが役に立っていると感じられるかどうかが何よりも重要である。

　ちなみに，地方自治体のなかには，独自のシステムを作って，地域の公立学校にカウンセラーを配置しているところがある。また，私立学校のなかにも心理カウンセラーを置いているところがあるが，（公財）日本臨床心理士資格認定協会は平成22年度から，「私学スクールカウンセラー支援事業」を開始し，この動きを促進している。

　文部科学省によるSC事業に要する費用は，1995年度から2000年度まで国が全額を負担したが，2001年度から2007年度までは国が1/2，2008年度以降は1/3を負担し，残りは地方自治体が負担している。2018年度予算は全体で45億6,900万円である。

　SCの勤務時間は，地域や学校によりさまざまであるが，最近では公立中学校の一部でSCが（複数で）週5日勤務しているところがある。文部科学省では，2019年度に全公立小中学校（27,500校）にSCを配置する計画を立てており，それに見合う概算要求（48億7,300万円）をしている。

　文部科学省はまた，児童生徒が事故や災害の被害にあったときなどにSCの緊急派遣を行ってきた（たとえば，東日本大震災，熊本地震，西日本豪雨などの災害にあった地域の学校，あるいは，子どもの自殺があった学校などに，都道府県臨床心理士会などを通じてSCが派遣され

た）。

（3）幼稚園におけるカウンセリング

　近年，東京都日野市，大阪府，京都府などでは，臨床心理士資格を持つ「保育カウンセラー」や「キンダーカウンセラー」を導入する幼稚園が増えてきた。彼らは，子育ての不安を抱く母親に対する支援を行ったり，発達障害の特徴を持つ子どもたちを担当する教諭にコンサルテーションを行ったりしている。

（4）その他の施設

　日本では，予備校や専門学校でも心理カウンセラーが勤務しているところがあるし，不登校や登校しぶりの子どもたちなどが通う，いわゆる「フリースクール」や「サポート校」，あるいは，「適応指導教室」や「教育相談所」などで，プレイセラピーやカウンセリングが行われることも多い。

2．スクールカウンセラー（SC）の業務

　ここでは，教育分野の心理臨床のなかでも，とくに，SC の活動についてやや詳しく述べよう。文部科学省が開催した「教育相談等に関する調査研究協力者会議」の報告書，「学校の教育力を高める組織的な教育相談体制づくり」（平成29年1月）に掲載されている「児童生徒の教育相談の充実についてスクールカウンセラーガイドラインの試案」によると，「SC にどこまでの役割を求めるのかは地域・学校の実情によって異なる」が，一般的には「児童生徒，保護者，教職員に対し，心理に関する専門的見地からカウンセリングやアセスメント（見立て），コンサルテ

ーション（専門家による助言・援助を含めた検討）等を行うことが求められる」としている。また，「コミュニケーションの取り方やストレスマネジメントに関する心理教育，学級環境の調整，教職員へのカウンセリングマインドに関する研修などにも積極的に活用すること」，さらに「学校全体をアセスメントし，教育相談体制の改善充実を他職種と協働して推進していくこと」が重要であるとしている。

　すなわち，子どもに対するカウンセリング（プレイセラピーを含むこともあろう），保護者からの相談，教員に対するコンサルテーション，一般の児童生徒に対する心理教育，さらに他の専門家との連携などである。とくに，近年，文部科学省は「チーム学校」という概念を提唱し，「気になる事例」については，ケース会議を開いて検討すること，そこには，「生徒指導・教育相談担当教員，養護教諭，特別支援教育コーディネーター，SC，SSW（スクールソーシャルワーカー）等の関係教職員だけでなく，事案によっては，校外の関係機関職員が参加することが有効である」としている。

　一般にSCが関わる連携に当たっては，それぞれの職務の範囲をあまり厳密に設定せず，それぞれの専門家の仕事の中心点は異なるが，相互の間の境界線は臨機応変に動かせるような対応が織りなされることが望ましいのではなかろうか。一般に教師とスクールカウンセラーでは図13-2に示すような違いがあるが，たとえば，目標について言えば，教師が子どもの心理的問題について相談に乗ることもあれば，SCが子どもの学習の仕方についてアドバイスすることもあろう。

　では，ここで，不登校，いじめ，自殺に対するアプローチを中心にスクールカウンセラーの活動の特徴を記載してみよう。

	教師	スクールカウンセラー
活動の目標	知識や技能の向上	心理的問題の克服
活動の志向性	子どもを成長させる	子どもと共に成長する
活動の対象	子ども集団	子ども一人ひとり
具体的対応	画一的	個別的
	子どもに理解させようとする	子どもを理解しようとする
	指示・指導	提案・示唆
	子どもに話を聞かせる	子どもの話を聴く
問題の提示者	教師	子ども
問題の答	既知	未知

図13−2　教師とスクールカウンセラーの活動における中心点の相違

（1）不登校

　2019年現在，文部科学省による不登校の定義は，「何らかの心理的，情緒的，身体的あるいは社会的要因・背景により，登校しないあるいはしたくともできない状況にあるために年間30日以上欠席した者のうち，病気や経済的な理由による者を除いたもの」である。この定義では，いわゆる「神経性」「神経症性」「心因性」などとされる頭痛・腹痛などの「精神疾患」をどのように取り扱うかがやや曖昧なところがある。

　不登校は，かつて，学校ぎらい，学校恐怖症，登校拒否などとも呼ばれていたが，学校に対して嫌悪感，恐怖感，拒否感がそれほど強くなく，「行きたいけれど行けない」と訴えるケースも多いため上述のような定義とされてきたようである。

　文部科学省による「児童生徒の問題行動等生徒指導上の諸課題に関する調査」によると，小・中学校の不登校児童生徒の割合は図13−3のように全体では2％未満の状態が続いているが，小学生よりも中学生の割

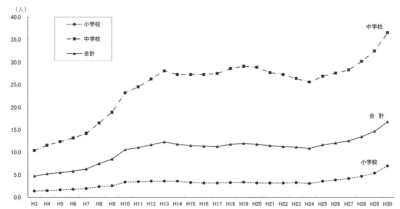

（注）調査対象：国公私立小・中学校（小学校には義務教育学校前期課程，中学校には義務教育学校後期課程及び中等教育学校前期課程，高等学校には中等教育学校後期課程を含む。）

（出典：文部科学省　平成30年度　児童生徒の問題行動・不登校等生徒指導上の諸課題に関する調査結果について）

図13－3　　不登校児童生徒の割合の推移（1000人当たりの人数）

合が非常に高く，中学生だけを見ると，平成３年度には全体の約１％であったが，平成10年度には２％を超え，平成29年度では３％を超えている。ちなみに，高等学校ではここ数年減少傾向にあったが，平成29年度には前年より0.05ポイント高い1.51％になっている（平成28年度からは，不登校を問題行動と見ない方針に沿って「児童生徒の問題行動・不登校等生徒指導上の諸課題に関する調査」とされている）。

　文部科学省によるスクールカウンセラー事業が始まった当初は，外部から学校に「心の専門家」を導入することに教員からの反発があるのではという懸念もあったが，種々の調査によると，SCはおおむね好意的に受け入れられてきており，平成27年に文部科学省が674の小・中・高等学校を対象にして行った調査では，96.0％の学校がSCの必要性を感じていると回答している。そして，SCへの相談の中では不登校関連が

約80万件で，友人関係（約30万件），家庭の問題（約29万件），学業・進路（約23万件）などと比べて格段に多い（ちなみに，いじめ問題への対応は約4万件，暴力行為への対応は約3万件である）。

　不登校の児童生徒に対するSCの関わりは，ケースバイケースであるが，とくに欠席が多いために教員から勧められて来談したけれども，「別に悩んでいることはない」などと言う子どもに対しては，学校のことを話題にするよりも，子どもが関心を持っている漫画や音楽などについて話すとか，箱庭を作ったり，絵を描いたり，ゲームやスポーツをSCと楽しむといったプレイセラピー的な関わりを通して，SCとの間にある程度の信頼感を伴った関係性を醸成することが第一歩となる場合が多い。そして，プロセスが進むと，ケースによっては，箱庭で戦いのシーンの後に平和が訪れるとか，教会や仏像が置かれるとか，家の絵にドアや窓が描かれるとか，ルールを守ってゲームに勝利して歓声を上げるといった，葛藤の克服が示唆されるような展開が生じ，そうした内的イメージの変容に伴って，しばしば，外的世界でも好転が生じる。すなわち，子どもは仲間と遊ぶようになったり，学校の行事に参加したり，家族関係が好転したり，通常の教室以外の部屋で学業にとり組む「別室登校」が可能になったり，給食の時間に教室に行けるようになったり，特定の授業に出席したりするようになったりし，やがて，再登校や進学を達成して終結を迎えるといったケースが多い。

　もちろん，不登校のケースのなかには，現在の学校にはなじめないことが明らかになり，転校したり，退学したりして，活路を見出すケースもある。また，今日では，文部科学省も不登校は問題行動ではない[注1]としており，フリースクールや自宅学習などの価値も認められている。しかし，転学や進学した後にも不登校になったり，卒業後もひきこもりが続いたりするケースもある。しかし，こうしたケースでも，新たなカ

ウンセラーやセラピストとの出会いがあったり，誰か信頼できる人との
コミュニケーションが生まれたりすることによって，自分なりに納得で
きる道が開けてくることが少なくない。

（2）いじめ

　文部科学省による「いじめ」の定義は，平成17年度までは「自分より
弱い者に対して一方的に，身体的・心理的な攻撃を継続的に加え，相手
が深刻な苦痛を感じているもの」とされていたが，平成18年度に「当該
児童生徒が，一定の人間関係のある者から，心理的，物理的な攻撃を受
けたことにより，精神的な苦痛を感じているもの」と，より被害者の立
場に沿った定義に変更された。また，いわゆる「いじめ自殺」などが契
機になって平成25年に成立した「いじめ防止対策推進法」では，「児童
等に対して，当該児童等が在籍する学校に在籍している児童等と一定の
人的関係にある他の児童等が行う心理的又は物理的な影響を与える行為
（インターネットを通じて行われるものを含む）であって，当該行為の
対象となった児童等が心身の苦痛を感じているもの」と，対象を広げて
いる（いじめの発生場所は，学校内外を問わない）。

　いじめの様態はさまざまで，からかいや悪口など比較的軽微なものも
あれば，特定の子を常に無視したり，通りすがりに「馬鹿」「死ね」な
どと言ったり，その子の持ち物を壊したり捨てたり，インターネットで
誹謗中傷するといった，かなりの心理的苦痛を与える行為もある。また，
頻繁に殴ったり蹴ったりする，性器を露出させる，金銭持ち出しや窃盗
を強要するなどといった悪質なケースもある。

　いじめがどれほどの割合で起こっているかは，いじめの定義や調査対
象，調査方法などによって大きな差がある。図13-4で波線の前後で数
値が異なるのは，定義が変わったことと，文部科学省の「積極的に認知

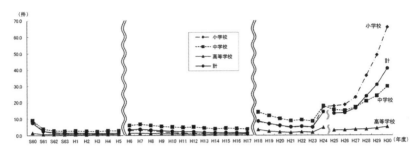

（出典：文部科学省　平成30年度　児童生徒の問題行動・不登校等生徒指導上の諸課題に関する調査結果について）

図13-4　いじめの認知率の推移（1000人当たりの認知件数）

するよう」にという働きかけを受けて学校側の調査が徹底されたことによると考えられる。ただし，この数値は学校や自治体ごとにまとめられ，これまでのところ，都道府県によって認知率に大きな格差がある（平成25年度では83倍もの格差があった。その後格差は漸減しているが，平成29年度でも高い県と低い県の間に13倍の格差がある）。

いじめという現象は昔から多くの集団で生じてきたと思われるし，近年の調査でも小・中学生時代に「仲間はずれ，無視，陰口」などをした経験のある子どもは，された経験のある子と同様，9割に上るという結果も得られている（国立教育政策研究所生徒指導・進路指導センター　いじめ追跡調査2013-2015）。しかし，近年の「いじめ」には，子どもたちが自由に遊ぶ中で思いやりを伴った関係を形成していけるような環境が失われているといった状況が反映しているかもしれない。悪質ないじめを行う加害者のなかにはあまり罪悪感を持たない者もいるが，被害者はしばしば深い心の傷を負い，ケースによっては，長年，その後遺症に苛まれる。いじめの被害にあって，不登校や鬱状態，パニック障害やPTSDが発生することもあるし，悲惨なことだが，先に述べたように，

いじめから逃れられず，絶望して自殺を企図する子どももいる。

　いじめに関連する SC のアプローチは，被害者と加害者，その保護者に対する個人カウンセリングだけでなく，学級集団に対するストレスマネジメント教育や教師集団に対する校内研修なども含まれている。「いじめ防止対策推進法」では，学校においてもいじめ防止のための基本方針を策定し，いじめ防止等の対策のための組織を作ることが規定されており，対策の中には，いじめについての定期的アンケート調査なども含まれている。また，いじめが被害者の不登校や自殺の誘引になるような重大事態では，学校において調査が行われるだけでなく，第三者を含めた調査委員会が設置されることもある。このような対策の実施に個々のSC がどれほど関与するかは現場の状況によってさまざまであろうが，いずれにせよ，組織的な対策の実行に SC の参画が期待されていることは確かである。

　SC は，いじめの被害者のカウンセリングは積極的に行うだろう。被害に遭った子どもの体験を聴いて，その子の心境をできるだけ共感的に理解しようとすることから，当面取り得る対策について共に考えていける可能性が高まる。SC はまた，いじめの加害者に対するカウンセリングや周囲のいじめの「観衆や傍観者」（森田，2010）への心理教育を行うこともあるだろう。加害者の中には過去に自分自身がいじめの被害者だったという子も少なくない。また，傍観者のなかには自分が次のターゲットになることを恐れて沈黙する子どもも多い。また，学校の風土や地域の文化などの影響が考えられる場合もある。SC は，こうした全体状況を把握するよう努力しなければならない。

（3）自殺[注2]

　最後に自殺（自死）について若干触れておきたい。近年，我が国では

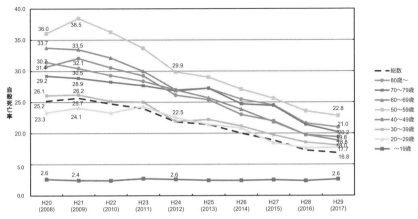

注）平成18年までは「60歳以上」だが，19年の自殺統計原票改正以降は「60〜69歳」「70〜79歳」「80歳以上」に細分化された。

（警察庁自殺統計原票データ，総務省「人口推計」及び「国勢調査」より厚生労働
省作成）

図13−5　年齢階級別の自殺死亡率の年次推移

自殺による死亡率（人口10万人あたりの自殺者数）は，年齢が高くなる
ほど高いが，全体として減少傾向にある。しかし，19歳以下では，その
発生率はあまり変化していない（図13−5）。※

　しかし，年齢階級ごとに死因を調べると，15歳から34歳の若者では自
殺が死因の第一位になっており，10歳から14歳でも第二位である。この
ような傾向は先進7カ国のなかでは日本のみだという（厚生労働省　平
成30年　自殺対策白書）。

　ちなみに，子どもの自殺者数は，警察庁と文部科学省の調査結果の間
に多少ズレがある（表13−1参照）。前者はすべてのケースで死因を特定
するが，後者は学校からの届け出に依拠するからであろう。

　SCは，自殺未遂に終わった子やハイリスクな子，自殺した子の保護
者や友人などにカウンセリングを行うことがある。SCはまた，教員の

表13-1　平成29年(度)中の児童生徒の自殺者数

（人）

	厚生労働省・警察庁調査 平成29年	文部科学省調査 平成29年度
小学生	11	6
中学生	108	84
高校生	238	160
計	357	250

（厚生労働省・警察庁「平成29年中における自殺の状況」，文部科学省「平成29年度児童生徒の問題行動・不登校生徒の諸課題に関する調査結果について」より作成）

校内研修で死について話したり，教員と共に子どもたちに自殺予防のための授業を行ったりすることもある。

　多くの人は自殺の理由を特定しようとするが，たいていのケースでは，いくつかの条件が複雑に絡んでおり，なかなか一つに絞れないものである。子どもの自殺によって不合理な罪悪感にとらわれる親もいるし，周りの子どもが自分も死にたいという衝動に駆られる場合もある。一方，自殺の要因として同級生によるいじめや教員による罵倒などが考えられるケースであっても，責任を問われたくないので，その影響を少なく見積もろうとする人もいる。遺族の多くは，そのような対応に強い憤りを覚える。

　自殺についてSCの取り組みはさまざまに展開される。たとえば，心理教育の授業で，子どもたちにペットや親族の死が深い悲しみを生んだ経験などを話してもらい，それに付加するような形で「人間はひどくつらい出来事があると，死にたい気持ちになることもあるかもしれない。そんなときは，誰か周囲の人に相談してほしい」「周りに元気のない子

や死にたいと言う子がいたら，できるだけ早く，先生やスクールカウンセラーなどにその子が苦しんでいることを伝えてほしい」などと話すSC もいるだろう。

　一般に，死にたい気持ちに駆られている人に，「死んではいけない」とか「死ぬな」と強く言うことはあまり役に立たない。そこで，SC の多くは，まずは，そこまで思い詰めるようになった事情について，時間をかけてじっくり耳を傾ける姿勢をとるだろう。また，自殺の危険性が感じられるケースでは，SC は一人で抱え込まず，保護者や担任，養護教諭や管理職などの協力を求めるに違いない。

　以上述べてきたように，不登校，いじめ，自殺（自死）といった問題にはさまざまな要因が複雑に関わっていることが多く，どんな子どもにも即効性のあるマニュアルは作成できない。また，くり返すが，こうした問題には，SC が教職員や保護者，他の専門家や地域の人々と連携・協働して取り組むことが求められる。「チーム学校」といわれるような体制が強調されすぎると，守秘義務などで難しい問題が生じることもあるが，スクールカウンセリングでは，ネットワークが適度に機能しなければ真の援助はなし得ないだろう。

》》注
注1）不登校に関する調査研究協力者会議（2016）は，「不登校とは，多様な要因・背景により，結果として不登校状態になっているということであり，その行為を「問題行動」と判断してはいけない」としている。
注2）近年，さまざまな配慮から「自死」という語がよく用いられるようになった。

文献

学校臨床心理士ワーキンググループ　村山正治・滝口俊子（編）（2008）．河合隼雄のスクールカウンセリング講演録．創元社．

厚生労働省・警察庁（2018）．平成29年中における自殺の状況．

倉光修（編著）（2004）．学校臨床心理学．誠信書房．

倉光修（2011）．カウンセリングと教育―現場に役立つ統合的アプローチ．誠信書房．

倉光修（2016）．学校臨床心理学・地域援助特論．放送大学教育振興会．

桑原知子（1999）．教室で生かすカウンセリング・マインド―教師の立場でできるカウンセリングとは．日本評論社．

文部科学省（2015）．児童生徒の教育相談の充実について〜学校の教育力を高める組織的な教育相談体制づくり〜．教育相談等に関する協力者会議報告書．

文部科学省・不登校に関する調査研究協力者会議（2016）．不登校児童生徒への支援に関する最終報告〜一人一人の多様な課題に対応した切れ目のない組織的な支援の推進〜．

文部科学省（2019）．平成30年度 児童生徒の問題行動・不登校等生徒指導上の課題に関する調査結果について．

森田洋二（2010）．いじめとは何か―教室の問題，社会の問題．中央公論新社．

村山正治・滝口俊子（編）（2012）．現場で役立つスクールカウンセリングの実際．創元社．

滝口俊子・倉光修（2005）．スクールカウンセリング．放送大学教育振興会．

氏原寛・谷口正己・東山弘子（1991）．学校カウンセリング．ミネルヴァ書房．

※　警察庁自殺統計原票データより厚生労働省が作成した資料によると，10代の自殺者数は2012年から18年までは500人台であったが，2019年には659人，2021年には777人，2022年には749人となり，自殺死亡率もこの3年間は高止まりしている。原因は不明であるが，コロナ禍の影響を疑う人もいる。

14 | 福祉分野の心理臨床

小林真理子

《目標とポイント》 福祉分野における心理臨床について，児童福祉，障害者福祉，高齢者福祉の３つに分けて，基盤となる法規や制度，支援の対象，心理職の職務や期待される役割について概説する。中でも，児童虐待を主とする児童福祉分野について詳しく紹介する。
《キーワード》 児童相談所，児童虐待，社会的養護，児童福祉施設，社会的障壁，合理的配慮，多職種連携

1. 福祉分野の心理臨床

　福祉分野の心理臨床と聞いて，どんな仕事を思い浮かべるだろうか。児童虐待の最前線で対応をしている児童相談所での仕事，家庭での養育が困難なため児童福祉施設に入所している子どものケア，さまざまな障害を抱えた子どもや成人の心理的アセスメント，高齢者への心理的関わり，困難を抱えた家族への心理的支援等々，福祉分野の対象は広く，その仕事内容は多岐にわたる。

　本章では支援の対象に応じて，児童福祉，障害者福祉，高齢者福祉の３つに分けて，その支援内容について概説する。中でも，児童虐待を主とする児童福祉分野について詳しく紹介することとする。

2. 児童福祉分野

（1）児童福祉法と支援の対象

　児童福祉分野では，保護者がいない児童や十分でない養育環境にある児童を対象とし，公的な制度に基づいて社会的に養育を行うとともに，その家庭に対しての支援を行っている。公的な制度ということであるが，児童福祉分野においてもっとも基盤となる法律は，1947年に制定（2016年に改正）された児童福祉法である。児童福祉法では，児童を満18歳に満たないものと定め，子どもの権利条約[注1] の精神に則り，児童の健全な育成，福祉の保障とその積極的増進を理念としている。

（2）児童相談所

　児童福祉法に基づいて設けられた児童福祉に関する専門機関が児童相談所である。すべての都道府県及び政令指定都市に1か所以上の設置義務があり，2019年10月現在，全国で212か所あり，そのうち137か所に一時保護所[注2] が併設されている。児童相談所には心理職である児童心理司のほか，ソーシャルワークを行う児童福祉司，一時保護所には児童指導員や保育士が配置され，医師や保健師など必要な専門職とチームを組んでさまざまな事案に対応している。

　児童相談所の相談内容は，表14-1の通り，大きく5つに分けられる。平成29年度中の児童相談所における相談の対応件数は466,880件であったが，「養護相談」が最も多く（41.9％），次いで「障害相談」（39.6％），「育成相談」（9.3％）であった。また，児童虐待通告の増加から「養護相談」の占める割合は年々上昇している（厚生労働省，2018）。

表14-1　児童相談所の相談内容

相談の種類	主な内容
養護相談	保護者の家出・死亡・離婚・入院・服役等により，養育困難となった子ども，虐待を受けた子ども，養子縁組に関する相談
保健相談	未熟児，虚弱児，内部機能障害，小児喘息等の疾患（精神疾患を含む）のある子どもに関する相談
障害相談	肢体不自由，視聴覚障害，言語発達障害，重症心身障害，知的障害，自閉症等の発達障害の子どもに関する相談
非行相談	ぐ犯行為（家出・浮浪・性的逸脱等），ぐ犯少年，触法行為のあったとされる子どもに関する相談
育成相談	性格行動上の問題のある子ども，不登校状態の子ども，進路の適性，育児・しつけ等に関する相談
その他の相談	上記のいずれにも該当しない相談

（厚生労働省，用語の定義を参照して筆者作成）

（3）児童虐待

　児童虐待は非常に大きな社会問題となっており，児童相談所をはじめとする関係機関の連携の在り方，また虐待を未然に防ぐための取り組みが模索されている。児童虐待の報告件数の統計を取り始めた1990年以降，児童虐待の件数は急カーブで増加している。2000年には，児童虐待の防止等に関する法律（児童虐待防止法）が施行され（その後数回改正），児童虐待の定義，通告の義務，児童相談所の立入調査権などの規定が定められている。

① 児童虐待の種類と対応件数

　児童虐待とは，保護者が，その監護する児童に対して行う行為で，「身

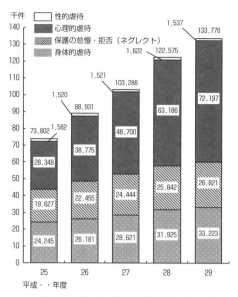

図14−1　児童虐待の相談種別対応件数の年次推移

体的虐待」「性的虐待」「ネグレクト（保護の怠慢・拒否)」「心理的虐待」
の４種類に分類されるが，重複して生じることも多い。相談種類別の年
次推移は図14−1のとおりである。

② 通告・対応

　児童虐待を受けたと思われる児童を発見したものは速やかに通告しな
ければならないと規定されている（児童虐待防止法第６条)。学校や病院，
近隣の人々などから通告を受けた児童相談所や市区町村が，関係機関か
ら情報収集をし，原則48時間以内に子どもの安全を確認することになっ
ている。さまざまな情報や聞き取り，行動観察からどのように処遇する
かの方針を決定し，深刻な場合は子どもを一時保護所に保護し，その間

にアセスメントを行う。そして，方針の決定を受けて，家庭での生活を続けながら改善をめざす在宅支援と，施設への入所や里親に委託して養育する社会的養護のいずれかが選択され，継続的支援がなされる。在宅支援の場合，市区町村に設置されている「要保護児童対策地域協議会」で情報共有し，多機関が連携しながら支援を行うこととされている。

（4）社会的養護

　保護者のいない児童や，保護者に監護させることが適当でない児童を

表14-2　社会的養護を担う児童福祉施設

施設名	対象と概要
乳児院（第37条）	乳幼児を入院させて養育し，退院した者について相談等の援助を行う
母子生活支援施設（第38条）	配偶者のない女子，これに準ずる事情にある女子とその監護すべき児童を入所させて保護し，自立を援助する
児童養護施設（第41条）	保護者のない児童，虐待されている児童その他環境上養護を要する児童（特に必要な場合は乳児を含む）を入所させて養護する
児童心理治療施設^{注3)}（第43条2）	家庭環境，学校における交友関係その他の環境上の理由により社会生活への適応が困難となった児童を，短期間，入所させ，又は保護者の下から通わせて，社会生活に適応するために必要な心理に関する治療及び生活指導を行う
児童自立支援施設（第44条）	不良行為をなし，又はなすおそれのある児童及び家庭環境等の環境上の理由により生活指導等を要する児童を入所又は通所させ，必要な指導を行い，自立を支援する

＊（　）内は児童福祉法の条文の番号　　　（児童福祉法をもとに筆者作成）

公的責任で社会的に養育し，保護するとともに，養育に大きな困難を抱える家庭への支援を行うことを社会的養護という。社会的養護は，「子どもの最善の利益のために」「社会全体で子どもを育む」ことを理念として行われている。その形態は，次の3つに分けられ，全国で約4万5千人の児童が対象となっている（厚生労働省，2017）。

　① 里親養育：家庭における養育を里親に委託する
　② ファミリーホーム：養育者の住居において家庭養育を行う
　③ 施設養護：施設に児童を入所させて養育を行う
　社会的養護を担う児童福祉施設の種類と概要を表14-2に示す。

（5）児童福祉分野の心理職の役割
① 心理職の配置

　福祉分野においては，児童相談所において児童心理司[注4]と呼ばれる心理職が複数配置され，上述のような子どもの育ちに関するさまざまな相談に対して，心理的観点から子どもへの心理検査や心理面接等の心理診断，心理療法，保護者への面接等を行っている（表14-1参照）。昨今では，児童虐待相談件数の大幅な増加や困難事例の増加など児童相談所を巡る厳しい状況を踏まえ，児童福祉司[注5]と共に児童心理司の増員が図られている。

　また，社会的養護を担う児童養護施設や乳児院，児童心理治療施設[注3]等の児童福祉施設にも，心理療法担当職員[注6]が制度として配置されるようになり，施設入所後の子どもの心理治療を中心とする心理的ケアを担っている。元来施設においては生活面での指導や養育を担う職種が子どもへの対応を担っていたが，被虐待児への心理的ケアを提供するため，1999年に児童養護施設（当時全国550か所）に心理職を配置することが可能になり，心理的ケアを担うことになった。保護者からの虐待を理由

に入所している子どもは多く，施設での生活面の支援と共に，虐待による重篤な心の傷を癒す必要性が認識されたといえる。

② 施設での心理臨床の特徴

　児童福祉の領域，特に施設での心理臨床においては，心理アセスメントや個別場面で行われる心理療法（カウンセリング）だけではなく，子どもの日々の生活場面での現実的な関わりが求められることがある。社会的養護の場における子どもの育ちの支援は，日常生活を基盤とする「生活臨床[注7]」と個別の「心理臨床」の包括的取り組みの上に構築されるという立場もある（増沢・青木，2012，加賀美，2016ほか）。

　本来世話されるべき保護者から虐待を受けるという体験は，子どもの日常を脅かし，深刻なトラウマとなる可能性がある。子どもは自分の受けた体験を言葉で表現することは難しく，行動や身体症状として表現することがある。生活場面における様子を丁寧に観察してアセスメントしながら，子どもの抱えるトラウマに対する治療が行われる。トラウマへのアプローチの方法はさまざまあり，対象年齢や状態によって選択される。施設での心理臨床，トラウマ治療について，詳しくは関連図書をあたっていただきたい。

③ 保護者の支援

　児童相談所や児童養護施設では，単に子どもを保護して養育するだけではなく，保護者への支援をも目的としている。例えば親による虐待の背景には，被虐待体験やアルコール依存等の親自身の抱える問題，貧困や夫婦間暴力（DV）等の養育環境の問題など，複雑な要因が存在することが多い。不適切な養育につながるリスク要因を改善するために，保護者への援助も並行して行う必要がある。心理職は家族機能のアセスメ

ントをして親への心理教育や親子の関係調整を行う役割とともに，親自身の生きづらさにも耳を傾け，子どもの育ちを支えるための信頼関係を築いていくという役割を担うこともある。多職種と連携しながら家族を取り巻く環境への働きかけも必要である。

④ 多職種連携・チームアプローチ

　2016年の児童福祉法改正では，保護から養育へ，すべての子どもと家庭を視野に入れた社会的な養育システムの構築を目指そうとする理念が提唱されている。虐待の通告件数が急増する一方，児童福祉施設に入所可能な児童数は限られており，9割以上の子どもたちは在宅支援となっている。そのような現状において，児童相談所と地域（市区町村），医療，教育，司法等の関連機関がネットワークを作り，多機関・多職種が連携・協働して，子どもの命を守り，家庭の再建，深刻化する前の対応を目指すことが求められている。多職種チームの中で，心理職は従来の個別のアプローチにとどまらず，生活場面で子どもたちの養育を担当している他の専門職に対して発達的・心理的な視点や家族関係の力動的な視点を提供していくことを通して，チームアプローチに貢献していくことができる。

⑤ 発生予防・早期発見

　深刻な事態が起きてからの対応には限界があり，より早期に発見して介入すること，虐待が生じないように予防していくことが必要であり，地域（市区町村）における子育て支援，妊娠期からの母子保健活動も重要である。妊娠中の両親学級や乳幼児健診での育児相談，保育カウンセリング等，子育て支援のさまざまな場面で心理職が活動している。

　予防の観点からの子育て支援については，第11章「コミュニティ・ア

プローチ」の放送授業で取り上げているので参照してほしい。

3．障害者福祉分野

（1）障害概念の変容と支援の対象

　障害者福祉に関する考え方や制度は大きく変容してきた。

　背景の一つとして，WHO が2001年に定めた国際生活機能分類（ICF）がある。これは障害の原因を個人因子のみに求めるのではなく，環境因子との相互作用によるものとする，「医学モデル」から「社会モデル」へのパラダイムの転換をもたらした。障害者とは障害及び社会的障壁[注8]により日常・社会生活に相当な制限を受ける状態にあるもの（障害者基本法第2条）と捉えられるようになった。また，国連の障害者権利条約が，2006年12月に国連総会において採択されたことも大きな契機となったと考えられる[注9]。これは，「障害者の人権及び基本的自由の享有を確保し，障害者の固有の尊厳の尊重を促進することを目的」としており，障害者の権利の実現のために，社会的障壁の解消に向けた合理的配慮[注10]の必要性が唱えられた。

　さらにわが国では，長年続いていた措置制度から本人の意思を尊重することを目的とした支援費制度（2003年）への移行，「身体」「精神」「知的」の3つの障害種別の福祉サービスの統合（2006年の障害者自立支援法の施行と廃止，2013年の障害者総合支援法へ）など，制度改革が相次いで行われた。また障害の概念が拡張され，上記3つの障害に加え，発達障害やこれまで医療の対象でしかなかった難病患者も，障害者サービスを受ける対象となった。

（2）障害者福祉分野の心理職の役割

　障害者福祉の対象は，障害のある乳幼児から高齢者にいたるまで幅広く，障害の内容や重症度によっても，心理職に求められる役割は多様である。障害は長期に続き，一生涯支援が必要であることもまれではない。障害を抱えて生きていく本人とその家族の苦悩に耳を傾け受け止めていくという心理療法的アプローチは基本であろう。その中で，さまざまな局面で意思決定していく過程を支援していくこと，障害のニーズに応じた個別支援を提供していくことが求められている。

　また，社会モデルの導入によって，障害を個人要因だけでなく，社会との関係の中でとらえる視点が強まっており，本人と家族，周囲の人々との関係性や環境調整を踏まえた心理面のケアが重要となってくる。障害者への支援は，福祉の枠には収まらず，医療，保健，教育，司法，労働といった領域にまたがっており，関連機関との連携なくしては進められない。

　障害者福祉分野での心理職は，本人や家族への個別的な臨床業務とともに，サービスの統合をクライエントにフィットさせるために，以下のような調整機能も求められるという。すなわち，① 障害児・者に対する個別的で具体的な援助方法を知っていること，② 共に暮らす家族に対して，家族福祉や社会診断の観点から評価し，援助できる技能を持っていること，③ さまざまな専門性を有する機関のサービスを，障害児・者と家族双方の利益バランスに配慮しながら調整する技能を持っていることである（日本心理研修センター，2018）。

4.　高齢者福祉分野

（1）高齢者虐待・認知症の増加と支援の対象

　高齢者福祉は，1963年に施行された「老人福祉法」を基盤とし，さまざまな老人福祉施設が規定されている。高齢人口の急激な増加を受けて，介護が必要な高齢者を社会全体で支えることを目的に「介護保険法」が2000年に施行された。また2006年に「高齢者虐待防止法」が施行され，虐待を受けた本人とともに，虐待を行った家族に対する支援も目的としている。さらに，認知症高齢者の増加が深刻な問題となっている中，新オレンジプラン（認知症施策推進総合戦略）[注11] が2015年1月に発表された。これは12府省庁をまたいで作成されたもので，「認知症の人の意思が尊重され，できる限り住み慣れた地域の良い環境で自分らしく暮らし続けることができる社会の実現」を目指し，認知症の介護者と本人の視点が重視されている。

（2）高齢者福祉分野の心理職の役割

　高齢者福祉施設や在宅ケアの現場では，介護支援専門員，介護福祉士，社会福祉士をはじめとする福祉専門職，理学療法士や作業療法士等のリハビリ専門職，医師や看護師，薬剤師等の医療職等，さまざまな職種の人たちが支援に当たっている。これまで（2018年まで）心理職は国家資格でなかったこともあり，高齢者福祉現場で雇用されることは稀であった。公認心理師が誕生したこれからは，新オレンジプランの実践を進めていくうえでも，心理職が貢献できることは多いと思われる。

　高齢者福祉施設において心理職は，利用者（入所者）に対する認知機能を含めた心理アセスメントや個別の心理的アプローチ，また家族に対するカウンセリング等の支援を提供していくことができる。在宅ケアに

おいては，高齢者本人と家族・介護者への訪問による心理的支援（アウトリーチ）の提供という可能性もあるだろう。また，スタッフに対して，高齢者本人や家族の心理状態や家族関係の把握，関わり方についてコンサルテーションを行ったり，スタッフ自身の相談（メンタルケア）を行ったりすることが求められる。さらに，問題の予防・早期対応に向けて，地域住民に対する，例えば認知症の人の心理状態等の啓発活動を行うなど，幅広い役割が期待される。

5. まとめ

　福祉現場での心理的支援は，臨床心理学で培ってきた従来の心理療法をベースとした個別の支援だけでは足りず，あるいは心理療法が難しい場合もあり，対象者の生活場面を重視したアプローチも必要である。生活場面での子どもの養育や対象者の介護を担っている職種と情報共有を図りながら，対象者の心理や家族力動を巡っての見立てを伝えたり，コンサルテーションを行ったり等，チームの一員としての役割が求められている。さらに，虐待など深刻な問題の改善には，一機関を超えた医療・教育・行政・司法などさまざまな分野・関係機関との連携が欠かせない。

　福祉現場での心理臨床は他分野に比べるとまだ歴史の浅い分野であるが，現在，福祉領域で働く心理職は増加しており，児童福祉分野のみならず，障害者福祉，高齢者福祉においても，心理職の必要性，期待と役割はますます高まっていくと思われる。

　福祉領域の心理臨床について，一歩進めて学びたい人は，2021年に新規開講された「福祉心理学」（学部・ラジオ科目）の受講をお勧めする。また，児童福祉分野については，「乳幼児・児童の心理臨床」（学部・

TV 科目）で詳しく取り上げているので参照していただきたい（文献参照）。

　放送授業では，児童福祉分野の心理臨床に造詣が深く，本学の学部科目「福祉心理学」の主任講師を務める村松健司先生をゲストとしてお迎えし，児童福祉分野における心理職の役割や児童福祉施設での心理臨床の実際についてお話しいただく。

〉〉 注

注1）児童の権利に関する条約ともいう。1989年10月に国連総会で全会一致で採択された国際条約で1990年に発効され，日本は1994年4月に批准した。18歳未満のすべての人の保護と基本的人権の尊重を促進することを目的としており，子どもが権利の主体であることが位置づけられるようになった。

注2）一時保護所は，児童福祉法第12条に基づき児童相談所に付設もしくは児童相談所と密接な連携が保てる範囲内に設置され，虐待，置去り，非行などの理由により子どもを一時的に保護するための施設である。年齢も事由も多様な子どもの混合処遇は適切でないという指摘もある。

注3）2016年6月の児童福祉法改正により，2017年4月より「情緒障害児短期治療施設」は「児童心理治療施設」に名称が変更された。

注4）児童心理司とは，児童福祉法に基づいて，児童相談所に配置されている心理分野の専門職員。以前は「心理判定員」と呼ばれていたが，厚生労働省の児童相談所運営指針の改正により2005年より「児童心理司」という呼称に変わった。

注5）児童福祉司とは，児童福祉法に基づいて，児童相談所に配置が義務付けられている福祉分野の専門職員。児童および妊産婦の保護，保健その他福祉関係の問題について相談に応じ，必要な指導を行う。
　政府の児童虐待防止対策に関する関係府省庁連絡会議は2018年12月，2022年度までに児童福祉司2020人程度，児童心理司790人程度の増員を柱とする「児童虐待防止対策体制総合強化プラン」を決定した。人口当たりの児童相談所の配置基準の見直しや一時保護の体制強化も盛り込んだ（教育新聞）。

注6）心理療法担当職員の配置は，2001年には乳児院，母子生活支援施設，2006年には児童自立支援施設も追加され，心理職員の常勤化も可能となった。

注7）生活臨床は，元々，統合失調症を対象にした地域生活の中での治療実践を指すものであった。

注8）社会的障壁とは，障害がある者にとって日常生活又は社会生活を営む上で障壁となるような社会における事物，制度，慣行，観念その他一切のものをいう。

注9）日本では，2011年に障害者基本法の大幅な改正が行われ，2014年に本条約を批准し，2016年の障害者差別解消法の施行へとつながっていった。

注10）合理的配慮とは，障害者権利条約第2条において，「障害者が他の者と平等にすべての人権及び基本的自由を享有し，又は行使することを確保するための必要かつ適当な変更及び調整であって，特定の場合において必要とされるものであり，かつ，均衡を失した又は過度の負担を課さないものをいう。」と定義されている。

注11）新オレンジプランでは，次の7つの視点から取り組むとしている。① 認知症への理解を深めるための普及・啓発の推進，② 認知症の容態に応じた適時・適切な医療・介護などの提供，③ 若年性認知症施策の強化，④ 認知症の人の介護者への支援，⑤ 認知症の人を含む高齢者にやさしい地域づくりの推進，⑥ 認知症の予防法，診断法，治療法，リハビリテーションモデル，介護モデルなどの研究開発およびその成果の普及の推進，⑦ 認知症の人やその家族の視点の重視

文献

外務省（2014）．障害者権利条約．

加賀美尤祥（2016）．児童福祉・社会的養護．臨床心理学臨時増刊号．公認心理師．金剛出版．

加藤尚子（編著）（2012）．施設心理士という仕事―児童養護施設と児童虐待への心理的アプローチ―．ミネルヴァ書房．

厚生労働省（2018）．平成29年度福祉行政報告例の概況．
https://www.mhlw.go.jp/toukei/saikin/hw/gyousei/17/dl/gaikyo.pdf

厚生労働省（2017）．社会的養護の現状について．

https://www.mhlw.go.jp/file/06-Seisakujouhou-11900000-Koyoukintoujidoukate
ikyoku/0000187952.pdf

教育新聞（2018.12.21）．https://www.kyobun.co.jp/news/20181221_03/

増沢高・青木紀久代（編著）（2012）．社会的養護における生活臨床と心理臨床―多
職種協働による支援と心理職の役割―．福村出版．

村松健司（2017）．トピックス1：児童虐待．小林真理子・塩﨑尚美（編著）．乳幼児・
児童の心理臨床（'17）．放送大学教育振興会．

村松健司（2017）．臨床現場から3：児童福祉施設・児童相談所．小林真理子・塩
﨑尚美（編著）．乳幼児・児童の心理臨床（'17）．放送大学教育振興会．

日本心理研修センター（2018）．公認心理師現任者講習会テキスト．金剛出版．

15 | 全体を振り返って

倉光　修

《**目標とポイント**》　本章では，これまでの各章全体を振り返り，再度，臨床心理学とは何か，臨床心理学における理論と実践の関係，心理療法各派の特徴とアプローチの効果，臨床心理学における量的研究と質的研究，とくに事例研究の意義などについて考えてみたい。その際，これらのテーマについて豊かな実践を積み重ねながら深く考察してこられた斎藤清二先生の著作をテキストとして参照してみたい。そして，放送教材では斎藤先生にゲストとしておいでいただいて，対談するような形でこれらの問題について議論を深められたらと思う。

《**キーワード**》　臨床の知，科学の知，エビデンス，ナラティブ，ESTs，RCT，二重盲検法，厳密科学，実践科学，主体，客体，量的研究，質的研究，物語，事例研究

---

1. はじめに

　本科目を受講するにあたって，受講生のみなさんが知りたかったことは何だったろうか。これまでの各章でその答えがある程度得られただろうか。なかには，かえって分からなくなったと感じている人もいるかもしれない。そこで，この最終章では，臨床心理学という学問の全体像について，再度，捉え直してみたいと思う。

　その際，ここでは，内科医でありながら心理療法家になるための訓練を受け，臨床心理士として長年実践経験を積んでこられた斎藤清二先生の著書から，『総合臨床心理学原論——サイエンスとアートの融合のため

に』と『事例研究というパラダイム——臨床心理学と医学を結ぶ』の二冊を選び，そこで議論されているいくつかのテーマをとりあげてみることにしよう。この両著書には，英文のタイトルも添えられている。すなわち，前者は The Concepts of Comprehensive Clinical Psychology: A Necessary Unity of Science and Art であり，後者は Clinical Case Studies as Disciplinary Matrix である。臨床心理学という学問の全体像が最近の知見も含めてつぶさに捉えられている（以下，引用部分は，『総合臨床心理学原論』をＡ，『事例研究というパラダイム』をＢとして，そのあとにページ数を記す。たとえば，（Ｂ：26）とは，『事例研究というパラダイム』の p. 26 を意味する）。

2.　再度，臨床心理学とは何かを問う

　第１章で述べたように，臨床心理学という学問について誰もが納得する定義は得られていないが，斎藤（2018）は，臨床心理学を臨床と心理学に分割し，臨床心理学を両者の結合されたものとして捉える。
　まず，「臨床」は以下のように定義される。

　　臨床とは，苦しむ主体である「クライエント」あるいは「患者」と，苦しむ人を援助しようとする主体である「援助者＝臨床家」と，その両者がそこにおいて存在し交流する，個別の具体的な「場」とから構成される動的な構造である。（Ａ：3）

　この定義では，クライエントとセラピストという「主体」間の交流が個別の「場」において捉えられているところが注目される。

そして,「心理学」は次のように定義される。

　　心理学とは「人間の心と行動を対象とする科学」であり,「科学」と
　は「現象についての,ある程度の一般性を持った理論の生成と検証を含
　むプロセス」である。(A:6)

　この定義は,多くの人々にとって十分な説得力を持っているであろう。
ただし,私には「心」や「主体」を視野に含める学問[注1],とりわけ,
臨床心理学は,物質やエネルギーのみを対象とする狭い意味での「科学」
と本質的に異なる準拠枠をもっているので,それを「科学」に含めるに
は,科学概念を広げる必要があると考える。
　この点に関して斎藤は,科学という概念は,ポパー(Popper, K. R.)
の提唱する「反証可能性」,パース(Peirce, C. S.)が論じる帰納的な「仮
説生成法」,クーン(Kuhn, T. S.)の主張した規範「パラダイム
(paradigm)」(後に「専門図式(disciplinary matrix)」)などを伴う営
為であり,それらは「厳密科学」と「実践科学」に分類できるとした。
前者は物理学や数学など理論から個々の事象が100%の再現性を持って
導ける分野であり,後者は蓋然的な予測しかできない分野である。そし
て,心理学は後者に含まれると捉えた。
　斎藤はこのように定義した上で,臨床心理学と心理学の関係について
2つの主張を取りあげる。第一は「臨床心理学は心理学の現場への応用
である」という考え方であり,第二は「臨床心理学は心理学を利用して
行われる創発・探究的活動である」という考え方である。
　まず,第一の考え方について言うと,第1章で述べたコーチンのよう
に,この考え方を否定する臨床心理学者は少なくない(ちなみに物理学
に基づいていても量子力学や気象学など蓋然的な予測しかできない分野

もある）。次に，第二の考え方には，理論と実践の循環的関係が端的に示されており，斎藤はそれを（一般）心理学と臨床心理学との関係に見出している。しかし，先に述べたように，臨床心理学は心理学の中でも「知」の準拠枠がやや異なるので，ここでは，実験（一般）心理学と臨床心理学のそれぞれにおいて理論と実践の関係がどうなっているかを考えてみよう。すると，両者には次のような違いを見出すことができるように思われる。すなわち，実験心理学においては，主な関心は理論形成に向けられ，諸実験は理論の妥当性を検証するために行われるが，臨床心理学においては，主な関心は臨床実践に向けられ，種々の理論は実践の質を高めるために参考にされるのである。

　そして，何より，日々の臨床活動において相互作用を展開していくクライエントとセラピストは互いに主体であり，同一の環境刺激（入力）を受けても，選択される行動（出力）は一律でなく，歴史上，全く同一の現象は二度と起こらない。したがってこの分野において厳密な因果関係を示す理論を確立することはほぼ不可能なのである。

3.　心理療法における各派の特徴

　次に，臨床心理学の理論と実践の分類について述べよう。斎藤は，著書Aにおいて，これまでのアプローチを「認知・行動主義」「深層心理学」「人間性心理学的アプローチ」の三者に大きく分類し，それぞれの特徴を理論的次元，認識論的次元，方法論的次元，道具的次元から捉えている。

　彼によれば，認知・行動主義は，学習理論や情報理論を踏まえ，実践においては，暴露法，認知再構成法，マインドフルネス瞑想法などを用いて「思い込みから自由になり行動的 QOL を高める」ことを目ざす。

　一方，深層心理学の諸派では，無意識も視野に入れた理論を構築し，実践においては，自由連想法や転移解釈，夢分析や遊戯療法などの技法を用いて「意識と無意識の交流を促進すること」を目ざす。

　さらに，広義の人間性心理学的アプローチにおいては，自己理論，システム理論，物語論などを踏まえ，実践においては，カウンセリング，エンカウンターグループ，フォーカシング，家族療法，ナラティブ・セラピーなどにおいて，傾聴，共感的理解，逆説的介入，リフレーミングなどの技法を用いて「自己実現過程を促進すること」をめざす。

　このような分類は，本書の第5章から第10章におけるアプローチの分類とある程度重なる。ただし，心理療法の目標を「症状や問題行動ないし心の傷や苦悩の克服」とするなら，斎藤が各派に見出した目標は，その一歩手前のステップと捉えることができるかもしれない。そして，認知行動療法は，観察できる症状や言語化できる認知の歪みをなくすことに主に関心を向け，セラピストの影響力を重視するが，深層心理学や人間性心理学のアプローチでは，意識で捉えにくい心理力動により関心を向け，心理療法の過程ではクライエントの自己治癒力により信を置いていると言えるかもしれない。あるいは，認知行動療法では，変化すべきはもっぱらクライエントのみであるが，深層心理学や人間性心理学では，セラピストとクライエントは深い関係性を育んで共に変容していくと捉える傾向があるように思われる。

　あるいは，認知行動療法や精神分析療法においては，セラピストがクライエントを先導する（答えはセラピストが知っている）と考える傾向があるのに対し，ユング派やロジャーズ派では，問題克服の道はクライエント自身によって切り拓かれ，セラピストは自己実現のプロセスを援助するにとどまる（答えはクライエントが知っている）と考える傾向が

あるかもしれない。

4．量的研究とエビデンス

　さて，これまで述べてきたように心理療法にはさまざまな学派があるが，それらのアプローチの効果はどの程度あるのだろうか。ここではそれを知る方法として，量的研究と質的研究について言及しておこう。

　従来，自らを科学と規定する心理学の諸分野では，量的研究が高い価値を持っていた。典型的な研究では，あるプロセスの原因となりうる条件（独立変数）と結果として表れる行動や反応（従属変数）を数値化し，そのデータを統計的に処理して，独立変数の従属変数に対する影響や両変数の相関を調べる。

　では，心理療法の効果を量的研究によって調べる方法にはどのようなものがあるのだろうか。近年，よく行われている方法は，特定の症状や問題行動を呈する対象者をランダムに実験群と対照群に振り分け，実験群に特定のアプローチを行い，対照群には心理療法を行わないか，別のアプローチを行って，両群の症状や問題行動の改善の程度や回復率を比較する方法である。このように対象者をランダムに群に分けて条件を統制し，効果の差を統計的に比較する実験は RCT（Randomized Controlled Trial　ランダム化比較実験）と呼ばれている。このような手続きによって特定の症状や問題行動に対して特定のアプローチの効果が統計的に確かめられたとき，そのアプローチには有効であるという科学的根拠「エビデンス」があるとされる。この研究法は，マニュアル化が容易なアプローチの場合は行いやすいこともあって，多くの症状や問題行動に対して認知行動療法などが有効であるというエビデンスがこれまで数多く蓄積されてきた。

　こういった方法で効果が実証されてきたアプローチは，Empirically Supported Treatments：ESTs（実証的に支持された治療法），より最近では Research-Supported Psychological Treatments：RSPT（研究によって支持された心理学的治療法）と呼ばれ，アメリカ心理学会（APA）によってリスト化されている。

　このような成果を踏まえて，日本では「エビデンスの得られているのは認知行動療法だけだ」とか，「エビデンスが得られていないアプローチを用いることは倫理的に許されない」（丹野，2008）などと主張する人もいる。しかし，斎藤（1994）が言うように，こうした主張にはエビデンスやその適切な利用についての誤解が伴われていることが多い。実は，エビデンスが見出されたアプローチは認知行動療法以外にも数多くあるし，いくつかのアプローチ間で効果を比較するとたいていは有意差が見出せない（Cooper, 2008）。あるいはランバート（Lambert, 1992）が示唆したように，アプローチや学派の違いより，セラピストの温かさや共感的態度のような多くの学派に共通する要因のほうが問題解決に大きく影響している可能性もある。また，どの学派でも，有能なセラピストとそうでないセラピストがおり，両者のアプローチの効果の差は学派間の効果の差よりも大きいとも言われている。さらに，このような量的データによる効果研究が難しく，いまだにエビデンスが得られていないアプローチでもクライエントによっては奏功する可能性があり，そのことはけっして否定できない。

　このような知見や認識に基づいているのであろう，APA は「ESTs のリストは，個々のクライエントの治療における治療法の選択のために用いるものとして作られたものではない」と明言している（B：33）。さらに，斎藤は APA によって作られた Evidence Based Practice in Psychology：EBPP（心理学におけるエビデンスに基づく実践）につい

てのガイドラインを引いて，「EBPP と ESTs の概念は異なるものである。ESTs は，治療法から出発し，「その治療法がある集団に対して有効であるかどうか？」を問うものである。EBPP は患者から出発し，「その患者において特定の効果を得ることに役立つ最良のエビデンスとは何か」を問うものである。ESTs とは特定の心理治療法のことであり，EBPP は臨床判断のための方法である（A：55）」としているのである[注2]。

斎藤清二は多くの著書や論文において，この事実に人々の注意を喚起することに努めてきた。たとえば，著書Aでは，「EBPP は「エビデンスを利用して行われる実践」であるということの理解はきわめて重要である。もし EBPP を「エビデンスを現場に機械的に当てはめること」と考えると，EBPP における実践の利点のほとんどが失われてしまう」と明言している（A：55-56. 傍点は斎藤による）。

実際，心理療法の実践に当たっては，クライエント本人の症状や問題行動の種類や深刻さだけでなく，年齢や性別，家庭や学校，職場や地域の状況，クライエントとセラピストとの関係性，あるいは，クライエントの性格やパーソナリティ，そして臨床現場の諸条件などによって，セラピストが最も適していると判断し提案するアプローチは多様で，さまざまなアプローチが折衷されたり統合されたりする場合も多い。さらに言えば，どのような心理療法を実施する（受ける）かの最終的な決定権は，クライエントに委ねられるべきではないだろうか。心理療法は薬物の投与とは異なり（二重盲検法のような）厳密な条件統制は不可能である。それゆえ，エビデンスの得られているアプローチ以外は使ってはならないと命令したり，どんなクライエントにも認知行動療法のみを押しつけたりすることは，それこそ，非倫理的であるように私（倉光）には感じられる。

5. 質的研究とナラティブ

　上述のような量的研究に対して，近年，質的研究と呼ばれる研究法が注目されるようになった。このタイプの研究では，内的・外的現象をあえて数値化せず，ありのままに捉えようとする。たとえば，心理療法の過程でクライエントによって語られる言葉を断片化し，それらをグループやカテゴリーにまとめていき，クライエントの変容プロセスを研究するといった手法である。川喜田二郎の開発したKJ法，グランデッドセオリーに依拠したGTA，それを修正したM-GTA，鯨岡峻のエピソード記述などがよく知られている。

　しかし，質的研究の中でも最も古くから行われてきたのは，事例研究であろう。一般の心理学分野において行われる量的研究では，はじめに「問題」（リサーチ・クエスチョン）が提示され，次にその問題にとりくむ「方法」（仮説を証明する手続き）が記され，そして，その方法（実験や調査）が行われた「結果」が（たいてい表やグラフと共に）記され，最後に「考察」によって，初めの問題が解決されたかどうか（仮説が実証されたかどうか）が検討される。一方，臨床心理学分野の事例研究（とくに，一事例の内的変容プロセスを捉えようとする研究）では，「はじめに」とか「問題」という見出しのもとに，このケースをとりあげた理由が述べられ，その次に，「クライエント」の項で，主としてインテークの段階で得られた情報，すなわち，主訴（presenting problem），臨床像，問題歴と成育歴，家族構成などが記される（ここに，後のセッションで得られた情報も含めて記載されることもある）。そして，多くの事例研究では，次に，ケースの見立て（現時点でのアセスメントや当面の方針）が記載され，続く「面接過程」のところで，心理療法やカウンセリングのプロセスが詳細に記述される。主体間の相互作用に関心を向

けるアプローチでは，面接過程の記述において，クライエントとセラピストが現実場面でどういう言動をしたかという客観的事実だけでなく，セラピストの主観的経験（感じたことや考えたこと）も記され，また，クライエントの内界に生起しているイメージを推定させる夢・絵画・箱庭・粘土造形なども提示される。このような情報は，クライエント理解にかなり役立つものである。そして，たいていは，面接が終結（中断）したところで面接経過の記載が終わり，最後に「考察」がなされる。考察においては，このプロセスでいったい何が起こったのか，心理療法を促進した要因，阻害した要因が何だったのかなどについて，とくに，既存の理論や他のセラピストの実践を参考にして検討されることが多い。このような内的プロセスは現実世界の客観的描写というよりもより主観的な「物語」として捉えることができる。ナラティブ・アプローチは，その意味で「物語研究」の側面も有していると言えよう。

6. 科学の知と臨床の知

　上述の量的研究と質的研究の違いに関連して，哲学者，中村雄二郎の論考に触れておいてもよいだろう。中村（1992）は，多くの現代人の世界観を支える「科学の知」に対して，それでは捉えきれない領域における「臨床の知」の存在を提唱する。一般に，量的研究ないし実験によって得られる「科学の知」は「普遍主義・論理主義・客観主義」という機械論の原理ないし特性に依拠するが，質的研究ないし実践から導かれる「臨床の知」の領域では「コスモリズム・シンボリズム・パフォーマンス」が重要になってくる。

　ここで，事例研究によって得られる「臨床の知」と量的研究によって得られる「科学の知」のそれぞれにおいて，その価値や意義を「普遍性」

や「新奇性」に照らして考えてみよう。これまで，珍しい事例の報告や新しいアプローチの提示がなされる場合には事例研究にも科学的価値があるとされてきた。しかし河合（2001）は，新奇的要素があまりない事例研究においても「個から普遍に至る道」が拓かれることがあるという。とくに，事例研究において心理療法のプロセスが主観的体験を含む物語として提示されるときには，発表者と参加者（話し手と受け手）の間に「間主観的普遍性をもつＸ」が媒介として働き，発表の質が高ければ「受け手の内部に新たな物語を起こす動機（ムーブ）を伝えてくれる」（河合，1992）というのである[注3]。これは，非臨床家にはなかなか想像しがたいことかもしれないが，多くのセラピストやカウンセラーが実感する現象である。

　したがって，「科学の知」の領域では実験から抽出される「新たに見出された普遍性を持つ理論」にオリジナリティと高い価値が認められるが，「臨床の知」の領域では非常に個別的な相互作用でありながら，そこに「古くから見出されている普遍的な基盤」が息づいているような実践にオリジナリティと高い価値が見出される傾向があるように思われる。

　「臨床の知」は特定のトポス（場・世界）における物語として捉えることもできる。心理療法は心理学実験と異なり，開始される時点では終結の時点でクライエントがどうなっているか，明確にイメージされない場合が多い。むしろ，アセスメントや選択されるアプローチは，心理療法のプロセスのなかで多少なりとも変化していくほうが自然かもしれない。そういう意味では心理療法は小さな実験の積み重ねという側面もある。しかし，心理療法は，そのプロセスの決定に相手がコミットする深さにおいて心理学実験と異なる。心理学実験では実験の主体は常に研究者であり被験者は客体であるが，心理療法においては，クライエントと

セラピストは共に主体でありかつ客体である。このプロセスは「客観的現象の連鎖」であるというよりは，そこに両者の主観的体験が織りなされた「物語」の様相を帯びる（もちろん，心理療法という物語の主人公はクライエントであるが）。比喩的に述べると，クライエントはセラピストと共に困難な旅に出かけるようなものである。行く手に何が待ち構えているかは分からない。時には眼前に深い海が広がり，時には高い山が聳える。森もあれば草原もある。砂漠の先にオアシスが見つかることもある。しかし，クライエントがどの時点でどの方向に進めば，その先どうなるかは本質的に未知なのである。セラピストはクライエントのそばにいてその歩みを共にするか，小さな明かりをともして少し前を照らすのみである。学派にもよるが，このような物語性を大切にするということも，心理療法と心理学実験の異なる点としてあげられるだろう。

　中村（1977）は「科学の知」に対するものを「神話の知」としても述べている。心理療法のプロセスを物語として捉えていると，ときに，スピリチュアルな主体のイメージや生死を超える世界のイメージが出現することがある。そのようなケースではプロセスから紡がれる「臨床の知」は「神話の知」となることもあるだろう。実際，夢や箱庭などにスピリチュアルな存在が現れることはけっして珍しくない。苦しいときに神に祈るのはかなり普遍的な行為ではないだろうか。もちろん，神は祈る人の望みを常に叶えるわけではない。むしろ，どんなに祈っても（万能の神によって）苦痛が与えられるというのが聖者や篤信者でさえも体験してきた真実であろう。しかし，たとえそうであっても，ヌミノースなど宗教的体験をして，私たちに命とエネルギーを与え，生きるべき道を示す「神」の存在を信じ続ける人がいるのもまた事実である。心理療法においては苦境を克服する道を求めてクライエントとセラピストが相互作用するわけであるが，このようなスピリチュアルなイメージも含めた内

的世界を想定すると，地上に暮らす小さな存在であるクライエントと高みに存在するように感じられる大いなる者との対話を，あるいは，クライエントの心の表層の自我と深層の真の自己との対話を仲介する媒体の役割を（種々のスピリチュアルなイメージと共に）セラピストがとる[注4]こともありえるだろう。

　ちなみに，科学の知は因果律に依拠するが，臨床の知には共時的現象が含まれることがある。心理療法の過程で，「意味ある偶然の一致」ないし，「偶然の一致に意味があるように感じる」という体験をすると，自分と他者や世界との間は切れているように見えても，実は（河合のいう「間主観的普遍性をもつX」を媒体として）つながっているのだという感慨が生じやすいように思われる。それは未分化な融合による一体感ではなく，むしろ孤独を経験した後にこそ開かれる連帯感と言ってもよいだろうか。共時的現象は物語や神話の世界では頻繁に描かれているのだが，現実の心理臨床の実践においてもそういう現象を体験すると，少なくとも「主体としてのセラピストが客体としてのクライエントを治すのだ」といった単純な（傲慢な）認識は崩れさるだろう。セラピストはクライエントの世界における新たな登場人物であり，その新たな環境の中で，クライエントは主体性を育みながら「治っていく」のである。

7. 資格取得とその後の研鑽

　最後に，公認心理師や臨床心理士を目指す人のために，資格の取得とその後の研鑽について，少しだけ述べておこう。まず，多くの学派では，一人前になるための訓練が相当長期にわたって必要とされることを記しておきたい。この領域では，公認心理師や臨床心理士などは，いわば「基礎資格」であって，質の高い臨床実践を創造し続けるにはそれらの資格

取得後も研鑽が必要である。

　ちなみに公認心理師と臨床心理士は，前者が国家資格，後者が民間資格である点において大きな違いがあるが，ほかにも異なる特徴がある。たとえば，① 後者は大学院修士課程での訓練が必須であるが，前者は学部卒で資格をとることが可能である，② 後者は必要に応じて医師と連携するが，前者はどこで働いても医師の指示を受ける，③ 後者には資格更新システムがあるが前者にはない，といった差異がある。カリキュラムを見ても，公認心理師は一般心理学を重視し，後者は臨床心理学を重視している。また，公認心理師は「医療の資格」であると言われることがあるように，医療分野の実習が重視されているが，臨床心理士は多様な領域で働く際に必要な基礎的技能の習得が重視されている。とくに，大学院に行かなかった公認心理師は，イメージ表現から内的世界を捉える訓練を受ける機会が乏しいかもしれない。たとえば，ロールシャッハテストやバウムテスト，人物画や風景構成法など投影法の心理テストについて，あるいは，遊戯療法，絵画療法，箱庭療法，夢分析などの技法について深く学ぶ機会がほとんど持てなかった人もいるだろう。さらに，先に述べたように，公認心理師には資格の更新制度がないので，新たな技法の研修を受けたり，スーパーヴィジョンや教育分析を受けたりすることの意義を感じない人もいるかもしれない。

　しかし，あえてくり返すが，心理療法の分野では，資格取得後の研鑽が行われないと，心理療法の質が向上しない（維持もできない）ように思われる。また，このような研鑽においては，単に指導者の指示に従うのではなく，常に，自分の心で感じ，自分の頭で考えて，次の行動を主体的に決定する姿勢を保つことが大切であろう。さもないと，クライエントの主体性を尊重することも難しくなるに違いない。

　もうひとつ言えることは，上に述べたことと矛盾するようであるが，

たとえ，特定のアプローチをかなりのレベルで身につけたとしても，た
いていの現場ではそれを活用する際に工夫が必要だということである。
公認心理師や臨床心理士が働く職場は，非常に多様な領域に広がってい
る。それぞれの現場にはそれぞれのニーズや要請，歴史や文化があり，
どのような職場で働くとしても，これまでに身につけた知識や技能を現
場に合わせて用いる（あるいは用いない）ことが求められる。

　さらにいうと，もしかすると，勤務先の職場には，ハラスメントをす
る上司がいたり，悪意のある同僚がいたり，暴力を振ったり暴言を吐い
たりするクライエントがいて，あなたは日々非常なストレスに苛まれる
かもしれない。このようなときには，自分自身が心理療法やカウンセリ
ングを受けることもリーズナブルであろう。良い医師になるために自分
が病気になる必要はないが，良いセラピストになるには，心が傷ついた
り，深い苦しみを味わったりする経験が役に立つこともある。クライエ
ントと共に生きるということは，苦しみを共にするということ，そして
自分の苦しみにも直面するということである。私たちは，生涯，心の痛
みや苦しみから完全に逃れることはできないだろう。しかし，孤独や苦
悩を味わいながらも，人々や世界との（あるいはスピリチュアルな「存
在」との）つながりを感じることによって，互いに微笑を交わすひとと
きが訪れる可能性もある。あなたのそばにセラピストやカウンセラーが
いれば，その確率は高まるであろう。

》 注

注１）学問は，原因と結果の間に主体の関与を想定しない，いわゆる「理系」の分
　　野と，それをある程度想定する「文系」の分野に分けられるかもしれない。前
　　者のモデルは物理学であるが，後者のモデルは明瞭ではなく，少なくとも字義
　　的に対照的な「心理学」ではない。近年，学問と科学が同一視され，厳密な科

学である理系の学問は文系の学問を凌駕し，その潮流に沿って心理学も物理学をモデルにした科学の一分野であろうとしてきたからである。しかし，主体の苦悩を対象とし，時には死生観も視野に入れる臨床心理学は，どうしても，物理学では捉えきれない領域に取り組まざるを得ない。

　欧米では学問に理系と文系の区別はないようだが，science and art という区分がなされることはある。斎藤清二は臨床心理学においてこの両者を融合させようとしている。類似の概念に，下山晴彦らが強調する scientist-practitioner という捉え方がある。ただし，下山のニュアンスは科学に基づく実践を行う者であって，科学に重きが置かれている。それに比して斎藤は厳密科学と実践科学を対比させて実践の意義をより強調している（河合のいう「新しい科学」「人間科学」と同様である）。また，いま，art を「技」，artist を「職人」というニュアンスで捉えるなら，科学者の（実験や論文執筆に必要な）アートと実践家の（心理アセスメントや心理療法の）アートはかなり異なるということにも留意すべきであろう。

注2）ESTs・RSPT は効果が実証されたアプローチのリストであり，EBPP はそのリストを利用する実践であって，APA はそのリストにあるアプローチのみを使うべきだと主張しているわけではない。

注3）山川（2015）は，この河合の主張が下山（2000）らの論文では正しく理解されていないと述べている。

注4）個々人を「有」とすれば高層の大いなる者や深層の真の自己は有の源泉としての「無」であるとも捉えうる。

文献

Asay, T. P. and Lambert, M. J. (1999). 'The empirical case for the common factors in therapy: quantitative findings', in M. Hubble, B. L. Dunkan and S. D. Miller (eds.), *The Heart and Soul of Change: What Works in Therapy*. Washington, DC: American Psychological Association, pp. 33-55.

Cooper, M. (2008). *Essential research findings in counseling and psychotherapy*. 清水幹夫・末武康弘（監訳）　田代千夏・村里忠之・高野嘉之・福田玖美（訳）（2012）．エビデンスにもとづくカウンセリング効果の研究―クライエントにとっ

て何が最も役に立つのか―. 岩崎学術出版社.

河合隼雄（1986）. 心理療法論考. 新曜社.

河合隼雄（1992）. 心理療法序説. 岩波書店.

河合隼雄（2001）. 事例研究の意義. 臨床心理学1. 4-9.

Korchin, S. J.（1976）. *Modern Clinical Psychology*. 村瀬孝雄（監訳）（1980）. 現代臨床心理学. 弘文堂.

倉光修（2017）. 臨床心理学とは何か. 小川俊樹・倉光修（編）臨床心理学特論. 放送大学教育振興会.

桑原知子・矢野智司（編）（2010）. 臨床の知―臨床心理学と教育人間学からの問い. 創元社.

Lambert, M.（1992）. Psychotherapy Outcome Research: Implications for Integrative and Eclectic Therapists. In J. C. Norcross & M. R. Goldfried（Eds.）. *Handbook of Psychotherapy Integration*. New York: Basic Books, 94-129.

中村雄二郎（1977）. 哲学の現在. 岩波書店.

中村雄二郎（1992）. 臨床の知とは何か. 岩波書店.

斎藤清二（2013）. 事例研究というパラダイム―臨床心理学と医学を結ぶ. 岩崎学術出版社.

斎藤清二（2018）. 総合臨床心理学原論―サイエンスとアートの融合のために. 北大路書房.

下山晴彦（2000）. 事例研究. 下山晴彦（編）. 臨床心理学研究の技法. 福村出版.

下山晴彦（2019）. 公認心理師と認知行動療法の活用. 精神療法45（1）, 7-12.

丹野義彦（2008）. エビデンス・ベイスド：evidence-based practice. 松原達也ほか（編）. 産業カウンセリング辞典. 金子書房. p. 35.

山川裕樹（2015）. 河合隼雄「事例研究の意義と問題点」の真意とその引用. 心理臨床学研究, 32, 705-710.

山本力（2018）. 事例研究の考え方と戦略―心理臨床実践の省察的アプローチ. 創元社.

索引

●配列は五十音順。欧文はA，B，C順。＊は人名を示す。

分担執筆者紹介

（執筆の章順）

石橋　正浩 （いしばし・まさひろ）
・執筆章→2・3・4

1999年	大阪大学大学院人間科学研究科博士後期課程　単位取得満期退学
現在	大阪教育大学教授　公認心理師，臨床心理士
専攻	臨床心理学・発達人間学
主な著書	『ロールシャッハ法の豊かな多様性を臨床に生かす』（共著　金子書房） 『ソンディ・テスト入門』（共編著　ナカニシヤ出版） 『フィンランドの先生：学力世界一のひみつ』（共訳　桜井書店）ほか

越川　房子（こしかわ・ふさこ）

・執筆章→8

1959年	新潟県に生まれる
1982年	早稲田大学第一文学部心理学専修卒業
1991年	早稲田大学大学院文学研究科博士課程単位取得退学
現在	早稲田大学文学学術院教授・公認心理師・臨床心理士・臨床発達心理士・学校心理士
専攻	臨床心理学・パーソナリティ心理学
主な著書	Horizons in Buddhist Psychology; Practice, Research & Theory（共編著　Taos Institute Publication）
	『ココロが軽くなるエクササイズ』（監修　東京書籍）
	『マインドフルネス認知療法』（監訳　北大路書房）
	『うつのためのマインドフルネス実践』（共訳　星和書店）
	『性格心理学ハンドブック』（共編著　福村出版）
	『マインドフルネス―基礎と実践―』（共編著　日本評論社）ほか

家接　哲次（いえつぐ・てつじ）

・執筆章→9

2010年　名古屋市立大学大学院医学研究科修了　博士（医学）
現在　名古屋経済大学大学院人間生活科学研究科教授・名古屋経済大学マインドフルネスセンター所長・臨床心理士
専攻　精神医学・臨床心理学
主な著書　『キーポイントで学ぶ マインドフルネス認知療法』（訳　創元社）
『マインドフルネス・ストレス低減法ワークブック』（訳　金剛出版）
『ティーンのためのマインドフルネス・ワークブック』（監訳　金剛出版）ほか

小林真理子 （こばやし・まりこ）

・執筆章→11・14

1964年	香川県に生まれる
1986年	上智大学文学部心理学科卒業
	東京医科歯科大学大学院医歯学総合研究科博士課程修了
現在	放送大学教授・博士（医学）・臨床心理士・公認心理師
専攻	臨床心理学・児童臨床・がん緩和ケア
主な著書	『がんとエイズの心理臨床』（共著　創元社）
	『心理臨床実践―身体科医療を中心とした心理職のための ガイドブック―』（共著　誠信書房）
	『臨床心理学特論』（共著　放送大学教育振興会）
	『臨床心理面接特論Ⅰ』（共編著　放送大学教育振興会）
	『臨床心理面接特論Ⅱ』（共著　放送大学教育振興会）
	『心理臨床と身体の病』（編著　放送大学教育振興会）
	『乳幼児・児童の心理臨床』（共編著　放送大学教育振興会）
	『保健医療心理学特論』（編著　放送大学教育振興会）
	ほか

大山　泰宏 （おおやま・やすひろ）

・執筆章→12

1965年	宮崎県に生まれる
1997年	京都大学大学院教育学研究科博士課程研究指導認定退学，京都大学高等教育教授システム開発センター助手
1999年	京都大学高等教育研究開発推進センター准教授
2008年	京都大学大学院教育学研究科准教授
現在	放送大学教授，博士（教育学），臨床心理士
専攻	心理臨床学
主な著書	『心理療法と因果的思考』（共著　岩波書店） 『セラピストは夢をどうとらえるか—五人の夢分析家による同一事例の解釈』（共著　誠信書房） 『日常性の心理療法』（単著　日本評論社） 『生徒指導・進路指導』（編著　教職教養講座　第10巻，協同出版）ほか

編著者紹介

倉光　修（くらみつ・おさむ）
────・執筆章→1・5・6・7・10・13・15

京都府生まれ
京都大学教育学部卒業，京都大学大学院教育学研究科博士
課程修了
京都大学助手・講師，京都府立大学助教授，大阪大学助教
授・教授，東京大学教授を経て，

現在　　　放送大学特任教授，臨床心理士，東京大学名誉教授　博士
（教育学）

主な著書　『臨床心理学』（岩波書店）
　　　　　『カウンセリングの心理学』（岩波書店）
　　　　　『動機づけの臨床心理学』（日本評論社）
　　　　　『心理臨床の技能と研究』（岩波書店）
　　　　　『学校臨床心理学』（編著　誠信書房）
　　　　　『カウンセリング・ガイドブック』（共編著　岩波書店）
　　　　　『カウンセリングと教育』（誠信書房）
　　　　　『臨床心理学特論（'17）』（共編著　放送大学教育振興会）
　　　　　『学校臨床心理学特論（'21）』
　　　　　（共編著　放送大学教育振興会）ほか

訳書　　　『心理療法入門』（共訳　誠信書房）
　　　　　『プラクティカル・ユング　上・下』（共訳　鳥影社）
　　　　　『自閉症とパーソナリティ』（監訳　創元社）
　　　　　『子ども中心プレイセラピー』（共訳　創元社）
　　　　　『トランジション』（共訳　パンローリング社）
　　　　　『知的障害のある人への精神分析的アプローチ』
　　　　　（共監訳　ミネルヴァ書房）ほか

放送大学教材　1529447-1-2011（テレビ）

臨床心理学概論

発　行　　　2020年3月20日　第1刷
　　　　　　2023年1月20日　第3刷
編著者　　　倉光　修
発行所　　　一般財団法人　放送大学教育振興会
　　　　　　〒105-0001　東京都港区虎ノ門1-14-1　郵政福祉琴平ビル
　　　　　　電話　03（3502）2750

Printed in Japan　ISBN978-4-595-32182-5　C1331